本书受国家自然科学基金青年项目（项目编号：71701004）、安徽省自然科学基金青年项目（1808085QG223）、安徽省教育厅高校人文社科研究重大项目（SK2020ZD18）、教育部人文社会科学研究青年基金项目（21YJC630067）资助及为项目阶段性成果

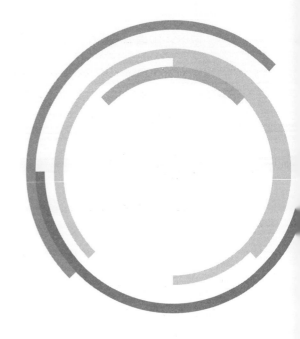

ZHISHI LINGDI DUI CHUANGYI SHISHI DE
KUA CENGCI CHUANDAO JIZHI YANJIU

知识领地对创意实施的
跨层次传导机制研究

李鲜苗 ◎ 著

中国财经出版传媒集团

经济科学出版社
Economic Science Press

图书在版编目（CIP）数据

知识领地对创意实施的跨层次传导机制研究/李鲜苗著. —北京：经济科学出版社，2021.12

ISBN 978 - 7 - 5218 - 3158 - 0

Ⅰ.①知…　Ⅱ.①李…　Ⅲ.①知识经济 - 研究　Ⅳ.①F062.3

中国版本图书馆 CIP 数据核字（2021）第 246598 号

责任编辑：周国强
责任校对：齐　杰
责任印制：张佳裕

知识领地对创意实施的跨层次传导机制研究

李鲜苗　著

经济科学出版社出版、发行　新华书店经销

社址：北京市海淀区阜成路甲 28 号　邮编：100142

总编部电话：010 - 88191217　发行部电话：010 - 88191522

网址：www. esp. com. cn

电子邮箱：esp@ esp. com. cn

天猫网店：经济科学出版社旗舰店

网址：http：//jjkxcbs. tmall. com

北京季蜂印刷有限公司印装

710×1000　16 开　11.25 印张　200000 字

2021 年 12 月第 1 版　2021 年 12 月第 1 次印刷

ISBN 978 - 7 - 5218 - 3158 - 0　定价：68.00 元

（图书出现印装问题，本社负责调换。电话：010 - 88191510）

（版权所有　侵权必究　打击盗版　举报热线：010 - 88191661

QQ：2242791300　营销中心电话：010 - 88191537

电子邮箱：dbts@ esp. com. cn）

前　言

　　"大众创业、万众创新"活动的蓬勃发展，为激发创新潜力、市场活力以及扩大就业发挥了积极作用。因此，鼓励和追求创新便成为组织及个人高度关注的议题。习近平指出，创新是引领发展的第一动力，保护知识产权就是保护创新。目前，我国正处于数据智能化时代，一种信息化、智力支撑型和创新型的数字经济时代，以提高从业人员的知识水平和技术能力及创新意识，实现真正意义上的科技化与现代化。斯坦伯格和鲁巴特（Sternberg and Lubart，1999）的创造力投资理论和伍德曼等（Woodman et al.，1993）的创造力交互理论都将知识视为创造力的重要资源，知识将单独并且与其他因素一起影响员工的创造力。获取有价值的知识资源提高创造力并非是件易事，社会交换理论认为，当从领地的资源利用模式中获得的收益超过排他性使用和保护该领地所花费的成本时，个体就会采取领地行为。在知识管理领域，领地性存在于知识型员工、团队或组织中，表现为"掩饰知识，留一手""装傻""教会徒弟，饿死师傅"等现象。因此，面对知识创新过程中的领地行为，处理好个人、团队和组织知识的边界性问题，对创新能力的提升具有重要的理论和现实意义。

现有关于知识领地的研究主要聚焦在单一层面的研究——个体或团队层面，同时，在创新过程中，相对创意产生而言，创意实施的研究也较少。因此，本研究从多层面视角，采用定性和定量相结合的方法，探究知识领地与创意实施的跨层次传导机制。本书主要聚焦三项内容：第一，知识领地组合构型对创意实施传导的探索性研究；第二，知识领地与创意实施的跨层次模型构建与验证；第三，知识领地与创意实施的演化关系及干预机制研究，对应在第4章、第5章和第6章内容，具有相互递进性。

研究内容一： 知识领地组合构型对创意实施传导的探索性研究。本部分内容（第4章）将研究对象聚焦于科创企业和科研院所等的科研创新型团队，包括两个研究目的：第一，以个体层面视角，采取相关分析、多项式回归和响应面分析等，探寻知识领地中两种行为，即标记行为和防卫行为的组合构型对创意实施的传导效应。第二，通过定性比较分析，解答与识别知识领地对个体创意实施和团队创意实施的组态因素是否存在差异性，以及主要传导因素，为后续的跨层次模型的构建与验证提供支撑。

研究通过分阶段调研41个科创型团队，以团队主管与成员数据配对的方式，得出的主要研究结论包括：第一，多项式回归和响应面分析：知识领地中标记行为和防卫行为强度的一致性程度越高，越有利于个体创意产生和个体创意实施；标记行为和防卫行为强度不一致性对个体创意产生和个体创意实施的作用机制有所差异，相比低标记高防卫行为，高标记低防卫行为更有利于激发个体创意产生，而无论是高标记低防卫行为还是高标记低防卫行为对个体创意实施没有显著差异。第二，个体创意产生的中介作用和团队领地氛围的调节作用：无论领地行为一致性还是不一致性，个体创意产生均在领地行为的组合与个体创意实施的关系中起到了中介作用；团队领地氛围调节了领地行为的组合与个体创意产生之间的关系，在较低团队领地氛围的组织中，领地组合的一致性比不一致性更加有利于个体创意产生。第三，个体创意实施和团队创意实施的前因构型有差异。个体创意实施呈现两种主要驱动模式，团队创意实施呈现三种主要驱动模式。第四，团队创意实施与个体创意实施的共同核心因素是高防卫行为和高个体创意产生，验证了个体参与创意实施的水平越高，团队创意及其所对应的创意实施水平也越高。

研究内容二： 知识领地与创意实施的跨层次模型的构建与验证。本部分内容（第 5 章）立足于团队层面，以社会交换理论为基础，采用跨层次方法，探析团队知识领地对创意实施的跨层次传导机制。

　　研究样本沿用第 4 章的调研对象，得出的主要研究结论包括：第一，团队知识领地对个体创意实施和团队创意实施均有显著正相关关系。第二，研究证实了团队信息交换作为重要的知识分享过程与团队情境，在团队知识领地与个体创意实施间起到了跨层次调节作用，而在团队知识领地与团队创意实施之间起到了中介作用。第三，个体创意实施的平均水平通过团队信任自下而上对团队创意实施产生积极影响。第 4 章和第 5 章的研究结论一定程度上，印证了布朗等关于通过群体或团队的领地行为抑制个体领地行为所产生的负面影响（Brown et al.，2007；Brown and Baer，2015），个体领地行为的不一致性对个体创意产生和个体创意实施的影响有所差异，团队知识领地对团队创意实施有显著正相关关系，丰富和拓展了知识领地与创意实施的关系研究。

　　研究内容三：知识领地与创意实施的演化关系与干预机制研究。为了更深入的阐释知识领地与创意实施的演化关系，本部分内容（第 6 章）一方面尝试通过典型案例研究，通过对 13 个科研创新团队，46 个受访对象，15 位团队带头人的非结构化访谈，构建科研团队知识领地对创新过程的全景式路径模型，以此解构领地边界性的应对方式或策略；另一方面采用准实验方法，以在校大学生的研究对象，分为实验组和控制组，通过 8 周团队辅导的干预，重塑团队信任和团队信息交换，检验个体和团队知识领地与创意产生等在前测、后测以及追踪时段的差异性与反馈评价，证实干预的有效性。

　　主要研究结论包括：第一，在创新全过程中，团队知识领地涉及的主体包括创意团队、创意评审组、创意决策组。团队知识领地涉及的客体包括知识源、知识特征、任务特征。组织/团队情境是知识领地行为发生的外部心理感知，通过对团队领地氛围、团队领导权利地位的感知、任务特征、组织制度与文化、容错动态性影响领地行为的发生。第二，组织、团队以及个体多层面的因素交织在一起，通过互动机制、激励机制和平衡机制的共同作用，使得团队知识领地对创意实施产生影响。第三，团队干预对大学生团队知识领地、团队信任和创意实施的即时和追踪效果有显著差异。第四，通过大学生行为逻辑的分析，初始团队创意产生成为后续阶段领地行为、信任和团队信息交换的驱动因素，这是重复因果链条中的初始原因，条件变化（初始团队创意产生）促使团队成员领地的行为策略，团队成员会根据条件变化情况选择特定的领地行为以实现调整，也充分证明干预方案设计是有效的。

总之，本书基于多层次视角，结合多种分析方法，深入探讨了知识领地对创意实施的跨层次传导机制。所获得的研究结论不仅拓展和丰富了社会交换理论、创新过程理论、领地行为理论、向上影响理论等研究，而且对知识领地边界、知识分享、知识产权等管理实践具有一定的借鉴作用。最后，本书揭示了上述研究中存在的局限性与不足，指出未来研究应该注意的问题与方向。

目　录

| 第 1 章 |

绪　论

1.1　研究背景

1.1.1　现实背景

"十四五"规划纲要强调，健全知识产权保护运用体制，实施知识产权强国战略。知识产权已经成为创新驱动发展战略的重要资源和核心要素。《尊重和保护知识产权是创新的必由之路：华为创新与知识产权白皮书》明确指明，持续创新是华为30年来生存和发展的根本，华为坚信尊重和保护知识产权是创新的必由之路，是华为致力构建万物互联的智能世界的基石。① 华为注重自有知识产权的保护，也尊重他人知识产权。武汉大学质量发展战略研究院院长程虹（2017）提出，创新发展阶段的资源要素是创造性、创意和

---

① 华为发布创新和知识产权白皮书2020 ［EB/OL］. 华为官网，https：//www. huawei. com/cn/news/2021/3/huawei-releases-whitepaper-innovation-intellectual-property-2020，2021 – 03 – 16.

知识，这些资源要素是隐性的，不可能主要依靠政府力量来配置，只有市场才能激发知识资源的创新。创新的意义不在于创意产生，而在于用创意解决实际的问题。在当今竞争激烈的全球市场环境下，要开展创新仅凭创意是远远不够的，只有充分利用知识产权、具备商业洞察力，将创意转变为现实，才能实现真正的创新。

知识领地是在知识管理领域，以知识为特定对象的领地性研究，存在于知识型员工及其所在团队或组织。在理性决策下，知识型员工为了保证自身的权力地位，拒绝将个人的知识资源转移到他人或组织中，诸如，"教会徒弟，饿死师傅""掩饰知识，留一手"的现象在团队与组织中较为常见。组织为保存以及获取知识资源，维持竞争优势，也制定相应的激励机制或管理制度。例如，知识产权保护（储小平和杨肖锋，2011）、文件加密（Brown，2009）、自尊与荣誉需求（Brown et al.，2005）、创意保护与创意分享（Knight and Harvey，2015）等。华为的"员工聘用协议书"明确要求，雇员不得向华为披露或者在工作中使用第三方的技术秘密、商业秘密或其他知识产权，也不得在华为办公场所、工作电脑等中持有第三方保密信息。员工入职后，还要继续参加知识产权合法合规课程培训。

然而，80%的创新组织知识管理系统最后都以失败而告终（Chua and Lam，2005），一部分原因在于未能充分将创意转化为现实价值的"困境"（Xu and Li，2021）。在创新过程中，成员将知识视为"领地私有物"，表现出知识隐藏与知识囤积等负面行为（Peng，2013；Ceme et al.，2014；王瑞花等，2016），形成知识资源的跨界障碍。如果组织内部存在众多的个体知识领地，容易出现"知识割据"的不利局面，而组织要求其内部减少个体知识领地，形成以组织知识资源为基础的共享领地。组织的知识领地在本质上和个体知识领地是一致的，都是对知识独占的行为，即主体对特定知识的所有权感知及表现。研究学者认为，减少个体领地行为的策略之一是强化群体领地性（Avey et al.，2009a），如果组织成员将领地视为由集体分享的领地，个体领地行为可能就会大幅减少（Brown and Robinson，2007）。在知识创新过程中，个体领地和组织领地的影响效果存在差异性（Brown et al.，2012；彭贺，2012；李保明和史帅斌，2016；Xu and Li，2021）。因此，有必要明确在何种情境下，领地行为在个体与团队或组织之间相互传导，以及不同层面的领地行为对创意实施影响的路径机制。

1.1.2　理论背景

创造力投资理论（Sternberg and Lubart，1999）和创造力交互理论（Woodman et al.，1993）都将知识视为创造力的重要来源，知识将单独并且与其他因素一起影响员工的创造力。阿玛拜尔（Amabile，1988）的创造力成分理论也充分肯定了知识与技能对创造力的重要作用。团队成员进行知识分享，特别是隐性知识、技术或经验的分享能够帮助团队成员获取异质性知识，提高其学习和创新能力，从而增强个体创造力（Huang et al.，2014）。

随着研究的深入，创新阶段的不同任务要求，所对应的创新关键性资源也是不一样的（霍伟伟等，2018；Li et al.，2020）。创新过程理论为我们理解和剖析知识资源对创意过程的多阶段特征提供了理论支撑。阿玛拜尔提出了经典的创新过程两阶段理论，即创新过程分为创意产生和创意实施（Amabile，1996）。詹森等（Janssen et al.，2010）在此基础上新增创意倡导阶段，将创新过程拓展为三个阶段。佩里·史密斯和曼努奇（Perry-Smith and Mannucci，2017）、曼努奇等（Mannucci et al.，2017）将员工自下而上的创新过程分为创意产生、创意细化、创意倡导、创意实施四个阶段，其中创意实施涵盖创意采纳、产品化和商业化三个过程。该模型是目前最前沿的创新阶段性模型，对创新过程各阶段的定义和特征进行了详细描述。员工完善创意（创意细化）并主动寻求管理者关注，通过影响管理者的态度提高创意被选择的机会（创意倡导）是自下而上与自上而下创新的核心区别（Kim et al.，2014），也是员工创意赢得管理者认可、支持和采纳的关键所在。研究者指出，创新过程与创意过程相互融合，因此，不少研究将两者互为等同（Walsh et al.，2015；Perry-Smith and Mannucci，2017；Mannucci et al.，2017）。但本质而言，创新过程和创意过程，是一个事物发展的两个方面，创新过程更强调事物发展后端的产品化和商业化过程，创意过程则更强调事物发展前端，包括思想的来源、倡导与采纳。将两者混为一谈，势必会淡化和削弱对创意过程关键机理的深入挖掘。

社会资源理论指出，与创意产生相比，创意实施是工作场所中人际关系的互动过程，需要更多相关资源的支持，要想推进创意实施必须获取到关键的资源支持（霍伟伟等，2018）。鉴于资源的有限性，社会交换理论认为，当从领地的资源利用模式中获得的收益超过排他性使用和保护该领地所花费的成本时，个体就会采取领地行为（Brown et al.，2014）。个体的知识领地并不是进行知识共享，而是为了保护其知识或技能，其具有领地行为特质。中国流传的谚语"教会徒弟，饿死师傅""一亩三分地""山头主义"等，证明了领地行为的客观存在。已有关于知识领地行为的研究主要涉及个体、团队和组织层面，研究结论呈现了知识领地行为的正负双面效应的不一致。因此，未来研究需要明确个体、团队或组织间领地行为在创意过程中的差异性与阶段特征，以及知识领地对创新过程的影响机制。

综上所述，本书的选题结合了现实背景、理论背景和课题背景。

1.2 研 究 内 容

基于现实背景、理论背景和课题背景，本书围绕知识领地与创意实施之间的作用关系，从动态研究视角出发，试图建构"知识领地→中介过程→创意实施"的跨层面系统研究模型，具体研究内容如下。

1.2.1 知识领地组合构型对创意实施传导的探索性研究

本部分（第4章）主要采用多项式回归和响应面分析技术，探寻知识领地（标记行为和防卫行为）组合构型对创意实施的传导效应，进而通过定性比较分析，识别知识领地对创意实施的多重传导路径，具体内容包括：

（1）从资源交换理论和创新过程视角，通过在不同阶段对41个科创型团队进行调研，团队主管与成员配对进行数据分析，解答个体层面的领地行为（标记行为和防卫行为）一致性与不一致性对创意产生和创意实施的影响，并揭示是否存在差异性及其原因。在团队层面分析团队领地氛围是否存在个体知识领地与创新过程的边界调节作用。

（2）采用定性比较分析，识别知识领地（个体和团队）对创意实施（个体和团队）的路径关系，明确情境和过程因素，以此构建知识领地（个体和团队）与创意实施（个体和团队）的跨层面关系模型，为后续的实证研究做基础。

1.2.2　知识领地与创意实施的跨层次关系研究

在研究内容一的基础上，本部分（第 5 章）主要从个体及团队两个层面，采用跨层面分析，验证团队知识领地与创意实施（个体和团队）的关系模型，如图 1.1 所示，构建知识领地对创意实施的跨层次关系模型，丰富和拓展知识领地与创新过程的理论研究，揭示知识领地对创意实施的过程"黑箱"和边界条件，具体内容包括：

（1）个体层面，"知识领地→中介作用→个体创意实施"作用关系（多路径）的假设与验证（第 4 章已有部分内容）；团队层面，"团队知识领地→团队过程→团队创意实施"作用关系（多路径）的假设与验证。

（2）个体与团队的跨层面交互在个体知识领地对创意实施（多路径）的影响，以及个体创意实施向团队创意实施的过程机制，进而对比知识领地与创意实施的多路径分析，最终形成两者之间的路径模型。

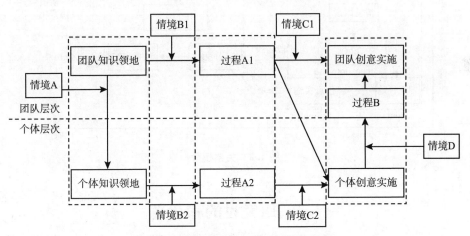

图 1.1　知识领地与创意实施的关系研究

1.2.3　知识领地与创意实施的演化关系及干预机制研究

采用典型案例研究和准实验方法，展开知识领地与创意实施的演化关系及干预策略的研究。具体包括：

（1）通过对 13 个科创型团队，46 个受访对象，15 位团队带头人的非结构化访谈，从创新全过程的视角，探索知识领地的"双刃剑"效应，以及个体和团队如何实现持续有效的创新。包括：在创新各阶段，个体如何认知知识的边界性，其行为如何；团队领导如何看待知识领地，采取何种行为平衡团队成员与团队整体关系；如何长期有效地平衡关系，以实现持续创新。

（2）探索性的分析情境性因素的可控性。借助于前两项研究内容，以在校大学生为被试，随机分成实验组与控制组，在实验组中不予以提供情境化因素（团队信任、团队信息交换等），在控制组设置情境化因素。识别个体和团队层面的"知识领地→创意实施→……→知识领地（下一阶段）→创意实施（下一阶段）"，动态关系，如图 1.2 所示。每轮情境性实验后均进行问卷测评和反馈评价，对比分析情境因素的干预效果。

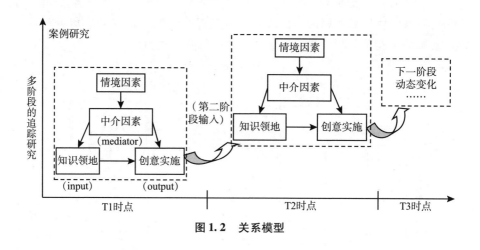

图 1.2　关系模型

1.3　研究目的和意义

1.3.1　研究目的

通过对知识领地行为组合构型的分析，以及对创意实施的影响关系，研究目标归纳为以下三点：

（1）通过多项式回归、响应面，获悉个体层面的知识领地（标记行为和防卫行为）的组合构型对个体创意产生与个体创意实施的影响；通过定性比较分析，以知识领地的视角，识别个体和团队创意实施的组态因素，识别领地行为与创意实施的中介变量和情境要以此构建两者间关系的多重路径。

（2）以个体和团队层面出发，验证知识领地与创意实施的跨层次影响模型，寻求知识领地对创意实施，以及个体创意实施到团队创意实施的路径。运用 SPSS 22.0、AMOS 22.0 与 HLM 6.08 等统计分析软件对所构建模型进行验证。

（3）通过案例分析和准实验研究，归纳知识领地、创意产生等变量之间的演化关系，并检验实践效果，最终提出有效创意实施的作用路径及干预机制。

1.3.2　研究意义

本书以科创型团队及其成员为对象，进行两方面探讨：一方面，依据创新过程理论，从个体和团队层面出发，识别知识领地（标记行为和防卫行为）对创意实施的影响关系，获悉两者在不同层面之间的路径关系模型以及差异性的分析探讨。另一方面，实证检验知识领地对创意实施的作用路径，并对两者之间的关系进行干预研究。因此，如何开展有效的领地行为，更好的推进创意实施，具有重要的理论和实践意义。

1.3.2.1　理论意义

（1）通过多项式回归、响应面和组态因素的分析，揭示个体与团队领地行为对创意实施传导的差异性及产生原因。

（2）揭示领地行为与创意实施在个体与团队间传导的关键要素及效应机制。

（3）厘清知识领地与创意实施之间演化的脉络关系，丰富知识领地行为、创新过程等的理论研究。

1.3.2.2　实践意义

（1）实施有效的知识产权政策。一方面，知识型团队成员有效维护自身合法权益，更大程度增强知识资源的积累。另一方面，组织根据不同的情境更新或完善相关的知识产权政策。

（2）领地行为产生及转化的情境因素，有利于管理者了解团队成员的行为路径，引导与增强成员间协同创新，解答个体和组织之间知识领地"困惑"，为组织解决创意实施困境提供新思路和解决建议。

1.4　研究思路和方法

1.4.1　研究思路

根据文献综述，将采用科学的研究方法对研究问题开展研究，研究思路如下：

（1）确定研究论题。一个研究论题的来源可以有很多种，可以通过科研项目，也可以通过对已有专业学术领域的了解，也可以通过对实践经验的发问等，也可以是来自自己的研究兴趣。本书论题主要起源于科研项目，即《知识领地对创意实施的跨层次传导机制研究》《动态环境下知识搜寻行为的意图－策略关联模式研究》《安徽省医疗人工智能使用行为的影响因素与追踪研究》《越轨创新行为的风险、效应及制度规范研究：创新过程视角》，课题分别由国家自然科学基金委、安徽省自然科学基金委、安徽教育厅高校人文社会科学以及教育部社科司人文社会科学研究资助，其本身具有前沿性和实践价值。该课题研究对象为科创型团队及其成员、知识型工作者。

（2）进行文献收集与梳理。确定研究题目后，收集相关文献资料，途径主要来自学校图书馆提供的电子数据库、纸质数据库如 Elsevier、Web of Science（SCI）、EBSCO 等，其中有以电子文档资料为主，对收集好的资料进行阅读和梳理。

（3）确定具体框架以及研究方法。在文献阅读和梳理的基础上，提出具体的研究目的，并确定研究框架。研究最终确定以三个主题研究为基础的框架，分别是：第一，知识领地组合构型对创意实施传导的探索性研究；第二，知识领地与创意实施的跨层次关系研究；第三，知识领地与创意实施的演化关系及干预机制研究。与此同时，确定三个研究主题之后，针对不同的研究内容选择适当的研究方法。本书将质化典型性与量化普适性相结合，力图实现研究的系统性和科学性。

（4）形成研究结论与启示。对全书进行研究总结，从理论贡献和指导意义归纳本书研究成果与价值，并针对本书研究的局限和展望进行概括与总结。

1.4.2　研究方法

理论研究和案例研究为引出问题、认识问题和理解问题奠定理论基础，而实证研究和实验研究则为进一步剖析问题和解构问题提供依据。本书将遵循三角交叉检验法，注意研究方法和数据来源的多样性，尤其采用定性比较分析，在一定程度上，综合了传统质性研究和量化研究的优势，以提高研究的信度和效度，本书主要采用如下方法：

1.4.2.1　响应面分析

响应面分析（response surface analysis）是以三维图形的方式刻画多项式回归结果，以清晰呈现两个自变量和一个因变量之间微妙关系的技术方法（Shanock et al.，2010），可以对细节性的问题提供详尽的解释。本研究知识领地的标记和防卫两种行为对创意产生和创意实施产生共同影响，因此，采用多项式回归和响应面分析，用于标记行为和防卫行为两个预测变量如何联合地影响创意产生和创意实施。包括：当标记行为和防卫行为的强度相同时，随着预测变量大小的变化，创意产生和创意实施如何变化；当标记行为和防卫行为的强度相同时相比，若变量之间存在差异，差异如何影响创意产生和创意实施；当标记行为和防卫行为差异的方向（即哪个变量更大）如何影响创意产生和创意实施。

1.4.2.2　定性比较分析

定性比较分析在一定程度上综合了传统定性研究的特点和传统定量研究的优势（夏鑫等，2014）。以探讨"知识领地"与"创意实施"集合间的隶属关系为手段，基于布尔代数的原理，发掘多个案例所展现的普遍性特征。现实中，在"知识领地"与"创意实施"的关系之间存在许多"对称性"相关关系，但也存在广泛的"非对称性"集合关系，即由知识领地到创意实施的实现存在多条路径。因此，通过定性比较分析，采用 fs/QCA 2.0 软件，可以有效识别并删除对创意实施的无关特征，使得研究结论更加精炼和可靠，同时对构建模型中殊途同归假设，即创意实施的形成有较为深刻的理解。

1.4.2.3 多层次分析

多层次分析模型为研究具有分层结构的数据提供了一个方便的分析框架，能够对个体水平和团队水平的数据同时放入模型进行分析。本书知识领地、创意实施涉及个体及团队两个层面，呈现出明显的嵌套特点。故在研究领地行为与创意实施多重关系路径的基础上，构建两者的跨层面关系模型，通过大规模样本调查，采用 SPSS、AMOS 和 HLM 等分析软件进行因子分析、相关分析和多层次的数据处理与分析，以此检验关系模型，最终得出领地行为与创意实施的有效路径。

1.4.2.4 案例研究的扎根理论分析

扎根理论是由 Glaser 和 Strauss 于 20 世纪 60 年代提出的质化研究方法，其基本思想是通过阅读和分析经验资料构建理论。该方法通过开放性编码、主轴编码和选择性编码逐步分析资料，明确类属、概念和性质等变量，以因果脉络建立变量间相互关系，通过故事线将所有变量联系在一起形成理论（陈向明，2008）。扎根理论作为探索性案例研究设计的元理论，而不仅仅是一种方法、一种技术、一种框架、一种研究范式、一种社会过程（Walsh，2015；Walsh et al.，2015）。因此，本书先选定科创型团队作为研究对象，利用扎根理论系统地从被访团队诠释领地行为的表现以及对创意实施的影响，主要回答行为主体选择领地性行为如何影响团队创意实施的演化，属于"如何"问题范畴。

1.4.2.5 准实验研究

准实验研究是社会科学研究的一种方法。相对于真正的实验研究而言，采用一定的操控程序，利用自然场景，灵活地控制实验对象。因此，本书采用不同时间节点进行准实验干预方法，随机分成实验组与控制组，在实验组中不予以提供情境化因素（团队信任、团队信息交换等），在控制组设置情境化因素，每个阶段进行问卷调研，进而分析干预效果。

1.5　研究的技术路线图及结构安排

1.5.1　技术路线

研究分为三个阶段进行：首先，采用多项式回归、响应面和定性比较分析，选取科创型团队作为研究对象，以领地行为与创意实施作为研究议题，探寻知识领地组合构型对创新过程的影响，以及不同层面变量关系之间的组态因素。其次，在定性比较分析基础上，研究者需要区分出个体和组织的影响因素，以此构建知识领地对创意实施的跨层面关系模型并进行实证对比分析。最后，采用案例研究的扎根理论分析和准实验设计对创意实施效果进行知识领地行为的干预，以期获得知识领地对创意实施的系统研究结论（路径以及政策建议）。以上研究存在相互印证与逐步递进深入的关系，本书的研究技术路线如图 1.3 所示。

1.5.2　结构安排

本书基于文献分析和归纳，构建了知识领地对创意实施的跨层次传导机制的研究模型，具体的结构安排如图 1.3 所示。

第 1 章，首先介绍了议题的研究背景，包括现实背景、理论背景与课题背景；在此基础上，提出了研究目的、研究意义、研究思路、研究方法及相应的技术路线和结构安排；最后，提出了本研究可能的创新点。

第 2 章，在知识领地、创意实施的相关研究进行总结的基础上，分析了现有的研究以社会交换理论、心理所有权理论和调节焦点理论为基础，归纳知识领地与创意实施的研究动态。

第 3 章，在文献综述的基础上，将社会交换理论、创新过程理论以及向上影响策略理论等作为本书研究的理论基础，设计研究的总体框架，有助于研究问题的进一步明晰及理论模型的构建。

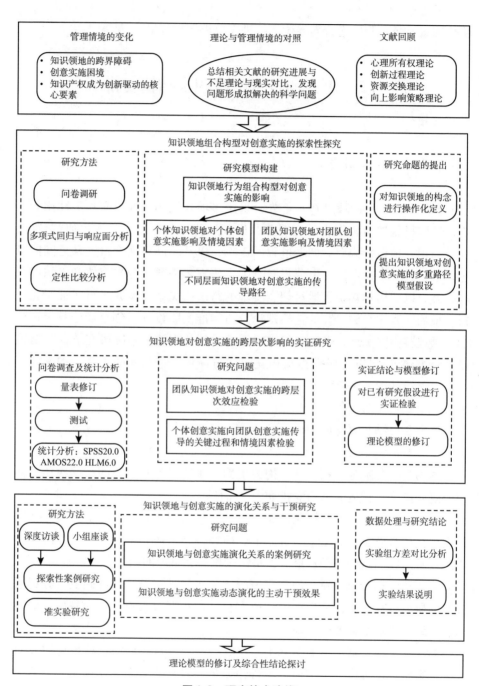

图 1.3　研究技术路线

第 4 章，通过样本数据调查，构建了知识领地组合构型对创意实施传导的探索性研究模型，进行验证性多项式回归、响应面和定性比较分析，验证模型。

第 5 章，构建了知识领地对创意实施的跨层次关系模型，通过个体和团队不同时段的数据调研，进行验证性因子分析、相关性分析及多层次回归分析，以验证跨层次关系模型。

第 6 章，通过典型案例研究和准实验研究，构建知识领地与创意实施的演化关系模型，并对模型进行干预实验。

第 7 章，对全书内容及研究结论进行总结，并对有待进一步深入研究的地方提出了后续研究的方向和展望。

1.6 研究可能的创新点

通过对知识领地与创意实施的跨层次传导机制的深入探讨，本书可能的创新之处主要体现在如下几个方面：

（1）采用定性比较分析法，运用 fs/QCA 2.0 软件，检验知识领地组合构型对创意实施最优路径的有效验证。诠释为什么产生知识领地？以及对创意实施的影响？定性和定量的研究方法相结合比较合适。在知识领地与创意实施相关理论研究甚少的基础上（中介与情境因素未知），采用质性化的研究可以挖掘出更加新颖的观点或理论内容，正是质性化研究方法的优势。通过故事线，厘清变量之间的脉络关系，最终得出知识领地与创意实施等相关要素的传导过程，也为进一步深入的量化研究做基础。

定性比较分析可以调和质性研究与量化研究的特点，通过一定数量的案例之间的比较，找到集合间的普遍性隶属关系，其研究结论相比传统定性研究效度较高。正因为知识领地的正负面效应，对创意实施存在非对称关系，可以有多条路径选择，定性比较分析旨在呈现多路径关系。因而，本书通过组合方式将共同引致创意实施的前因要素进行分析，进而挖掘出对创意实施有解释力的相似或相异要素，清晰识别创意实施的情境要素及其与实现路径的一致性联系，为探究不同层面的知识领地与创意实施的复杂关系提供新视角。

（2）知识领地行为与创新过程的关系进行细化和系统地分析与实证检验。区分个体层面的领地行为以及获悉个体感知的团队领地氛围，并且以标记行为和防卫行为的强度进行一致性或不一致性的组合。通过解构领地行为中标记行为和防卫行为的组合，实证检验一致性与不一致领地性行为对创意产生和创意实施的影响，揭示差异性的效应机制。该研究结论支持了创意产生区别于创意实施，创意者需要获得有价值的知识资源与创新支持，推进创意被采纳与实施。这一研究响应了对创新阶段研究的呼吁（Somech and Drach-Zahavy，2013；Perry-Smith and Mannucci，2017；Mannucci et al.，2017），为未来进一步探讨针对创新阶段的不同任务，团队成员或组织应当采取不同的领地策略提供理论依据。

（3）深入挖掘了知识领地与创意实施的中介和情境要素，有利于更准确地解释二者之间的作用过程。以往对知识领地的研究多从单一层面进行质性研究，量化分析较少，其利弊的评价并非一致，在与创意实施的关系研究也比较薄弱，因此，无法有效诠释领地行为对创意实施的影响。本研究中将创意产生作为知识领地与创意实施的中介变量，领地氛围作为探究知识领地与创意产生之间的调节变量并进行实证检验，表明创意的成功实施，需要高质量的创意。组织要想获得高质量的创意，应当营造良好的知识共享氛围，保护和尊重员工的知识权益，认可员工对组织的贡献，从而降低员工的心理防御对创新的负面影响。本书与已有的关于创意质量和创意者所获奖励影响创意实施的结论是一致的（董念念和王雪莉，2020），为多视角研究创意实施提供新的思路。

理论上，结合本书研究的问题，将多学科与多方法的结合，既体现了合理性与科学性，又突破了以往的横截面数据中静态研究和单一层面模式，实现知识领地与创意实施的动态演化关系的论证。此项研究既是对研究难点的突破，又是对研究思维逻辑的创新。

1.7 本章小结

本章首先从现实背景、理论背景与课题背景对此次研究背景进行总结概括，并对此提出了预备的研究问题，从而针对研究的问题，对研究目的和存在的研究意义进行了归纳，以形成研究设想和研究设计。研究设计包括研究思路、研究方法、研究结构安排和框架、研究技术路线图和研究可能的创新点。由于论文涉及的研究内容在每个章节中都会进行详细的阐述，本章只作总体概括。

在第 2 章和第 3 章将具体介绍知识领地与创意实施的相关研究文献和具体的理论基础与研究构思。知识领地与创意实施的跨层次传导及演化关系主要分为三个部分：一是知识领地组合构型对创意实施的传导关系模型（第 4 章）；二是知识领地对创意实施跨层次关系模型（第 5 章）；三是知识领地与创意实施的演化关系与干预研究（第 6 章）。最后，第 7 章进行研究总结与概括。

研 究 综 述

本章通过对知识领地及创意实施相关研究的梳理与归纳，旨在明确主要变量的理论基础，为构建合理的理论模型提供研究依据，以下将重点总结相关理论研究的现状与进展。

2.1 知识领地的相关研究综述

2.1.1 知识领地的内涵

2.1.1.1 领地性与领地行为

目前，学术界对领地性有不同的理解。国外研究者中，泰勒（Taylor，1988）提出领地可从领地认知、领地情感、领地行为加以理解。布朗等（Brown et al.，2005）注重于行为表达，即在与他人交流中或行为当中表现出个人对目标物拥有优先的接近权。埃维等（Avey et al.，2010）强调认知和意识，将领地性理解为个人对目标物的拥有感，防止他人接近或占有的意识。此外，国内学者储小平和杨肖锋（2011）将领地性分为两类，注重领地性的认知或意识和注重领地性的行为表达。彭贺（2012）认为，领地性是一种心理倾向，即个体或群体试图保护其领地免受侵犯，领地行为指个体或群体为了建构、宣示、维系和重铸其对领地的控制权而采取的一系列与领地相关的行为，两者应当加以区分。

领地行为具有如下特征：第一，社会性，领地性不仅只是表达个体或群体对对象物的依附感（我喜欢），更是通过其显示自己和其他人与对象物关系不同（是我的，而不是你的）；第二，排他性，领地性会排斥他人对领地资源的控制；第三，物理及非物理性，领地性的对象既包括有形工作空间等物理对象又包括关系、知识等非物理对象。

2.1.1.2　知识领地

知识领地是在知识管理领域，以知识为特定对象的领地性研究。西方文化情境下知识隐藏、知识误导是知识领地性的主要形式（Connelly and Zweig，2015）；知识隐藏是当其他人向自己请求知识时，有目的地掩饰知识；知识误导是为了维护自己领地的独特性，故意提供他人错误或不真实信息（Peng，2013）。关于知识领地行为形成机理的研究，多数学者主要从心理所有权方面加以解释（Austin and Taylor，1988）。心理所有权是个人对目标物拥有、依附和依赖的感觉，知识心理所有权是个体对知识归属问题的心理感知，个人和组织可以拥有共同所有权，两者并非此消彼长的关系。员工在获取或创造知识时，是知识的实际掌控者，会直接产生知识是"我的"心理感知，但员工离不开组织资源的支持。员工可能会产生知识也是属于组织的心理认知，即"我们"的知识（Constant et al.，1994）。因此，个体为了构建和维系知识领地，会申请知识产权或专利的标记行为，也会采用知识隐藏或知识囤积的防卫行为（Huo et al.，2016；Holten et al.，2016）。

曹洲涛和杨瑞（2014）将知识领地行为定义为个体对知识所有权独占而产生的心理领地，以及随后表现出的防御或反应性行为。宋一晓和曹洲涛（2015）认为，知识领地源自个体、团队或组织对特定知识的所有权感知及行为表达。知识领地指在一个有限的知识领域中，个人或群体将知识作为排他性资源加以保护和利用。知识领地是一个有限的知识领域，将知识视为排他性资源，通过建构、宣示、维系和重铸其知识领地控制权（李鲜苗和徐振亭，2017），加以保护和利用。由此，不难发现，知识领地性的一个重要特征是"边界"的问题。

如果要求边界本身存在着单向或双向的渗透功能，则边界与内外部资源或信息之间应当有相容性，根据不同的需求，边界是可以变化与融通的（Ashforth et al.，2000）。储小平和杨肖锋（2011）探讨了团队内员工领地性差异的影响，但没清晰指出"边界"问题，也没考察个体与团队领地行为的差异性及相关影响。刘军等（2016）从自我建构理论视角，分析了组织内领地行为的"边界"问题。范雪灵等（2020）认为组织领地氛围作为社会性情境，可以直接影响各部门之间的互动行为，进而间接作用于创新。因为工作需要，当个人与利益相关者的关系由竞争变为协作时，在人际互动中，自我边界会发生改变。鉴于以往研究，领地行为由于目标对象不同，可能会导致不同的影响与作用路径。

2.1.2 知识领地的维度与测量

布朗等（Brown et al.，2005，2014）提出将领地行为区分为标记行为和防卫行为。标记行为是指组织成员表现出的建构、宣示其对某个对象依附感的行为。由此分为两种类型，身份导向标记行为和控制导向标记行为。身份导向是个体有意地装饰或修正周围的环境，以反映其身份的行为。控制导向是个体通过与他人沟通，告知他人这个领地已经被占领，从而阻止他人进入、使用以及破坏。防卫行为的目的是维持和重铸领地，分为预期性防卫和反应性防卫。预期性发生在领地受到侵犯之前，而反应性发生在领地受到侵犯之后。个体为了构建和维系领地，一方面会做出标记行为，诸如，申请知识产权或专利；另一方面采用防御行为，诸如，知识隐藏或知识囤积。

针对身份导向标记行为、控制导向标记行为、预期性防卫行为以及反应性防卫行为的4个维度，开发了由23个题项组成的组织内领地性测量量表（Brown and Baer，2015）。内部一致性系数分别为0.90、0.85、0.88和0.86。随着国内学者对知识领地行为的深入研究，在布朗（Brown）和埃维（Avey）等的量表基础上，进行了调整，形成了4个维度的16个题项。诸如，"我会展示获得的奖状、文凭、职称，作为分享知识的一种途径""当我的知识被大家认可和尊重时，我倾向于分享经验、技能""在团队中，有必要保护自己的知识和技术免得他人盗用""当我发现我的技术和知识被盗用时，我会对盗用者不信任"等（储小平和杨肖锋，2011；曹洲涛和杨瑞，2014；李鲜苗和徐振亭，2017；魏峰和马玉洁，2018）。

刘军等（2016）重点考察领地行为的"边界"特征，分析了两种不同团队领地行为，即对内的领地行为和对外的领地行为。对内领地行为是个体希望完成个人绩效、达成个人目标，或宣示个人身份特征而实施的针对团队内部成员的行为，这种行为包括故意隐藏重要信息、为文件加密、独占工作空间等；对外领地行为是个体对团队成员外部的目标物发生的行为，此时个体会以团队身份自居，并追求团队利益或目标，如标记团队工作空间、争抢团队项目等。对内领地行为和对外领地行为由于目标对象不同，个体的"领地"边界也发生迁移或伸缩。鉴于此，开发了 8 个题项的量表，测量题项包括"我们会有意无意跟其他团队/部门之间划清界限""我们团队/部门的成员都很在意自己的想法，不允许他人随便盗用""我们团队部门中，每个人的工作内容和职责界定很清楚，大家各行其是互不干涉""我们团队部门的成员都很在意自己的想法，不允许他人随意盗用"等，该量表信度系数 Cronbach's α 分别为 0.794 和 0.897，具有良好的信度。

2.1.3 知识领地的作用效果

现有研究主要从员工组织承诺、工作绩效、知识分享等方面考察领地性对个体变量的影响。布朗等（Brown et al.，2005，2009）研究指出，个体采取领地行为，必然要投入大量的时间和精力，组织内领地性有助于组织成员提高对组织的承诺水平，但也可能对分享、合作以及向组织目标的共同努力提出挑战。根据社会交换理论，个体会根据他人如何对待自己来决定未来的行动，其中一个重要原则便是互惠。在社会互动中交换的资源包含六种类型：信息、商品、服务、金钱、地位和爱。布朗和罗宾逊（Brown and Robinson，2007）以工作绩效作为结果变量的实证研究表明，具有强领地意识的个体更关注自我，而过分的自我关注则会降低对更重要的工作和组织目标的关注及投入程度，进而降低其工作绩效。在知识管理领域，如果个体知识领地强烈，会导致组织成员只关心自己的知识，出于保护个人利益，从而减少与其他成员的交往，这可能不利于成员知识共享和合作（Connelly and Zweig，2015）。

在群体层次的领地性方面，团队内不同成员之间领地性强度的差异会增加成员之间的冲突，致使团队绩效下降（Brown and Baer，2015；Li et al.，2020）。彭贺（2012）认为，高管团队领地行为的强度会影响组织绩效，即如果团队领导的领地行为较强，会形成团队的各自为政，对组织绩效带来负面影响。团队成员的"圈内人"心理，会更加注重保护知识资源，减少与"圈外人"的知识共享，不利于团队之间的合作，长期而言，降低团队绩效（刘军等，2016）。知识领地是个体对知识所有权的心理感知，呈现了负面的互惠和工作行为，会对个人成长发展和组织内任务绩效有负面影响（Singh，2019）。

围绕领地性的现有研究如图2.1所示。针对未来探究方向，研究学者提出，领地性行为发生在个体、团队、组织等多层面，减少个体领地行为的办法之一就是强化群体领地性（Avey et al.，2009a）；当员工感知到组织给予的物质奖励及情感支持超过排他性知识使用带来的净收益时，其更可能愿意突破知识领地边界，允许组织或组织成员使用其知识领地内的知识。开放知识领地的行为将大大增加组织内部知识共享与转移最终发生的可能性，因此，如果组织成员将领地视为由集体分享的领地，领地行为可能就会大幅减少。

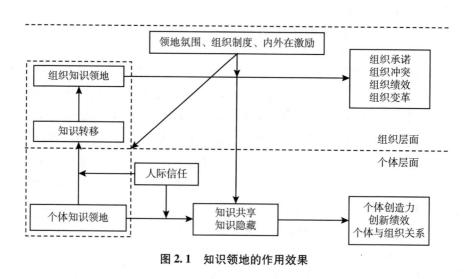

图2.1 知识领地的作用效果

由此可见，员工领地性对个体层面结果变量的作用，既有积极影响（组织承诺）又伴随消极影响（工作绩效）；知识领地性对个体或群体结果变量的作用效果有所不同，群体层面的领地性研究是未来有待考察的新研究点（储小平和倪婧，2009）。由于组织本质上是一个多层次嵌套系统，故单层的研究设计既可能过度关注于个体层次，而忽略不同组织情境对个体行为的影响差异，又可能仅围绕组织特征形成理论模型，却忽略个体的行为特性。

2.1.4 知识领地的研究小结

知识领地性的研究对于个体、团队和组织发展来说，均带来了现实挑战，现有的理论研究仍处于初期阶段。首先，已有研究多是基于西方文化情境的理论探究，而富于"人情、面子"等要素的中国文化情境下，知识领地性可能有独特的内涵及维度，亟需跨文化的研究量表。其次，现有研究仅从单一的个体或团体层次展开，而单层面研究设计难以理清个体因素与组织情境之间的交互作用，其结论的可推广性也有待考证；最后，现有研究未涉及对知识、创意等非物理对象的静态考察且多数研究都忽视了领地性的动态作用过程。

2.2 创意实施的相关研究综述

2.2.1 创意实施的内涵

理论界对创意实施的研究仍处于初期探索阶段。通过对现有文献的研究指出，尽管理论层面上认为，创新全过程包括创造力与创意实施两个阶段，但每一个阶段可能被不同的个体和情境因素所影响（Yuan and Woodman，2010）。创造力也称创意产生，是指产生新颖有用的想法，是创新过程的第一阶段；创意实施指将创意转化为创新成果（Baer，2012；Škerlavaj et al.，2014）。创造力领域的学者专注于探索影响创意提出的个体和情景因素，而创新领域的学者更加关注创意实施及其实际效用，导致人们缺乏对创新历程的系统性把握（Perry-Smith and Mannucci，2017；Mannucci et al.，2017）。两者领域的研究并非孤立无关的，创新历程中的每一个环节都会对后面的阶段产生影响。

此外，研究者从个体和组织的视角对创意实施加以区别。管理者是否采纳创意的关键指标是对创意方案进行有用性和易用性评定，其中，有用性指的是创意提高组织绩效的程度，易用性则是在组织中使用创意的容易程度（Venkatesh and Davis，2000）。创新采纳过程中创意方案评估和采纳阶段与其所关注的创意采纳内涵一致，不同的是，创新采纳的创意来源可以是组织内、组织外以及合作创新（余传鹏和张振刚，2015）。朱桂龙和温敏瑢（2020）认为，员工创意过程指的是将这些新颖、有用的想法进行细化、倡导，并最终获得管理者认可和采纳，取得组织合法性席位的过程。创意采纳指对组织内员工创意的采纳，采纳的主体是组织，采纳的创意类型是技术类创意。

创意的产生并不意味着他们可以有效地被实施，二者之间可能存在复杂的动态作用关系。李艳和杨百寅（2016）指出创意实施在研究层面和研究视角存在不足，未来应当将量化研究和质化研究相结合，更多的、更深入的影响因素仍值得探讨。

2.2.2 创意实施的维度与测量

与创意产生类似，创意实施也分个体和团队层次。贝尔（Baer，2012）编制了个体层面创意实施的量表，领导根据过去某段时间内员工提出的创意，对这些创意的实施情况予以评价。包含三个条目："该员工的创意已经得到认可，予以实施""该员工的创意已经转化成有用的产品或流程""该员工的创意已经在市场上取得成功或在组织内成功实施了"。

团队创意实施目前有两种测量方式。一种方式以根据针对团队过去某段时间，团队领导对创意产生进行评分，采用李克特 5 点量表，1 代表试验阶段，5 代表在组织内广泛推广（Ferlie et al.，2005）；另一种方式采用 3 个条目的测量工具，团队主管评定创意执行情况，如"团队的创意得到进一步发展""团队的创意转化成有用的产品、流程等"进行评分（Shin and Zhou，2007）。

2.2.3　创意实施的影响因素

依据创新过程理论，创意产生是创新的理念基础和最初阶段包括了问题识别、信息收集、提出方案几个环节，创意实施包括了方案评估和选择、执行方案等环节，是创新的关键环节（Škerlavaj et al.，2014）。围绕创造力对创意实施的作用效果，可以从个体和团队两个方面进行分析，如图2.2所示。

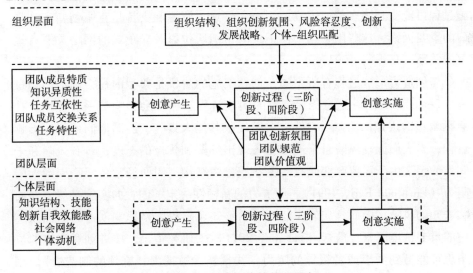

图 2.2　创意实施的前因研究

注：创新过程的三阶段包括创意产生、创意倡导、创意采纳；创新过程的四阶段包括创意产生、创意细化、创意倡导、创意采纳。

2.2.3.1　个体创意实施

从个体创意实施而言，工作特征方面的因素与创意的产生正相关，个体知觉到的团队或组织因素与创意实施正相关，创意执行的关键条件在于支持性的管理、员工参与决策以及团队对创新的支持。创意实施是建议的数量与个体知觉的团队或组织因素交互作用的函数。如果员工提出了很多建议，那么在团队或组织对创新的支持水平很高时，这些建议更有可能被执行。通常情况下，创意产生的数量与创意实施的数量成正向相关关系；然而，当员工创意方案的革新程度较高且他们持续留在组织的意愿不高时，创意的实施需要变革组织中的资源配置乃至权力结构，进而受到更大的阻力，此时创意的数量与创意实施的数量呈现出负向相关关系（Da Silva and Oldham，2012）。

尽管一些研究者已经区分了创意产生和创意实施，但他们仅仅探讨了创意产生的数量和创意实施之间的区别，并没有考虑创意产生的能力即创造力的作用关系（Axtell et al.，2000）。单纯的创意数量与实施的关系，很难解释创造力到创意实施的作用机制。只有在员工的创意被实施之后，他们才有可能为组织的增长和绩效做出贡献（Frost and Egri，1991），创意到创造力的实施过程可能受到诸多情境因素的影响。信息、资源和支持是克服创新实施障碍的重要因素，这些因素与个体正式的组织职位以及非正式的网络关系有显著的关系（Ibarra，1993）。

与创造力形成过程有所不同，创意实施的阶段是典型的社会政治影响过程（Levitt，2002），这意味着创意的实施过程遵循社会影响的一般规律。社会影响理论认为，社会影响就是人们说服其他人接受、遵循他们建议的影响过程；当人们面临风险时，通常会表现出怀疑和犹豫的态度；具有风险和未知性的想法由于需要改变原有的关系或权力结构，因而经常会面临周围人的阻力（Frost and Egri，1991）。创造力的新颖性决定了创意的实施必然需要面临未知的风险，因而，如何降低人们的感知风险程度是影响创造力向创意实施的重要情境因素。詹森（Janssen，2011）的研究指出，推进创意实施的员工更可能遭到同事或者领导的阻力，并且经常被视为"麻烦的制造者"。创意实施是一个革新的高风险过程；同时，由于创意的实施必然需要调整组织内的资源和权力结构，这就经常导致同事关系的摩擦。

2.2.3.2 团队创意实施

相比较个体创意实施，探讨团队层面的创意产生与创意实施关系的还相对较少。在创意产生阶段，团队的创新型人格、团队成员的教育异质性，团队成员能力与创新自我效能感等影响团队创造力，而在创新实施阶段，团队价值观、组织规范以及团队创新氛围等则更为重要的因素（Somech and Drach-Zahavy，2013；曹科岩和窦志铭，2015）。萨默奇和德拉克扎哈维（Somech and Drach-Zahavy，2013）基于对96个医疗护理团队的考察，研究发现团队成员创新型人格有助于团队的创意产生，团队创新氛围调节了团队创意产生与团队创意实施的关系。当团队创新氛围较高时，团队创意产生易于团队创意实施。因而，个体或群体可以通过建构社会网络关系，这种社会联系如同"管道"，可以带来信息、权力等资源（范雪灵等，2020），使得周围对象支持创意，进而获取创意实施所需的资源，无疑可以帮助其降低创意实施的阻力。

除此之外，创意采纳也会影响创意实施。管理者是否采纳创意的关键指标是对创意方案进行有用性和易用性评定，其中，有用性指的是创意提高组织绩效的程度，易用性则是在组织中使用创意的容易程度（Venkatesh and Davis，2000）。组织创新采纳的研究引导我们关注管理者在创意过程中的关键"守门人"角色，不同管理者在筛选和管理创意时有不同的考量和评判标准，但员工如何针对管理者特质采取不同的说服行为则并未深入探索。

2.2.4　创意实施的研究小结

创意是开端，但需要把创意转变为现实，否则创新难以转化为价值。研究创意实施的条件及其作用机制是推动创新研究深化的重要任务。目前已有的创意实施在研究层次和研究视角上都存在不足，未来有必要将定性研究与定量研究相结合，通过不同的研究层次和研究视角，进一步拓展理论研究内容与范围，揭示创意产生到创意实施的条件和作用机制。

2.3　知识领地与创意实施的相关研究

2.3.1　基于心理所有权和资源交换理论，考察知识领地的边界性

目前，关于知识领地行为的形成机理，多数学者主要从心理所有权进行解释。心理所有权是指个人对目标物拥有、依附和依赖的感觉，知识心理所有权是个体对知识归属问题的心理感知，个人和组织可以拥有共同所有权，两者并非此消彼长的关系。员工在获取或创造知识时，是知识的实际掌控者，

直接产生知识是"我的"心理感知，但员工离不开组织资源的支持，基于社会交换理论，员工可能会产生知识也是属于组织的心理认知，是"我们"的知识。无论是"我的"知识还是"我们的"知识，本书统称为感知的知识所有权（perceived knowledge ownership），区别在知识所有权的强弱程度。

个体对目标心理所有权越强烈，其越可能做出领地行为，个体对目标和社会实体存在依恋，倾向于通过标记和防御行为来表现（Brown et al.，2014）。埃维等（Avey et al.，2009a）研究指出，员工心理所有权越强，领地行为越明显，进而影响到成员之间的合作关系与合作绩效；姜荣萍和何亦名（2014）也支持这一观点。组织成员感知的个体知识所有权低时，即这些知识是"我们的"知识，克服其自私心理，增强亲社会动机，其很可能会积极回应知识寻求行为，减少知识隐藏。即使在面对曾经拒绝帮助自己的同事的寻求信息时，拥有感知的知识所有权低的员工也会选择提供相关信息，主要原因在于感知的知识所有权使员工认识到知识为"我们的"，共享该知识，属于积极角色行为，有助于发展和深化"我们的"知识（Zhang et al.，2018）。潘伟和张庆普（2016）的研究表明，员工感知的组织知识所有权会减少知识隐藏行为。

资源交换理论认为，当从领地的资源利用模式中获得的收益超过排他性使用和保护该领地所花费的成本时，个体就会采取领地行为。从个体层面来看，心理契约理论探讨认知的问题，诸如团队氛围、信任机制；从组织的角度来看，激励与贡献方面，良好的员工与组织关系，能够减少员工领地性行为的发生。一旦成员将领地视为由组织集体共同分享，就会大大减少其采取领地行为的可能性。相反，当员工感知到组织给予的物质奖励与情感支持小于排他性知识使用带来的净收益时，其更有可能采取知识领地行为以维护自己的知识领地（Brown et al.，2014）。

综上所述，现有文献集中诠释了知识领地存在边界障碍，个体领地和组织领地在某种情境下会产生冲突或障碍，对创新资源配置形成不利影响。

2.3.2 基于调节焦点理论，考察知识领地与创意实施的影响效应

描述调节焦点的不同导致个体行为的重要差异，解释了人们趋利避害的特性（Higgins，1998）。根据调节焦点理论，促进型调节焦点的个体具有较

强的学习意愿和解决问题的能力，往往积极寻求解决问题的多种方案，敢于尝试和突破，显示出高的风险偏好。防御型调节焦点的个体通常使用常规思维模式，显示出较低的风险偏好，采纳新知识与技能面临较高的不确定性和失败的风险，往往规避独特、新颖或挑战性的方法或思维，不容易产生创新行为（Brockner and Higgins，2001；Friedman and Förster，2001）。

在面临来自同事的知识请求时，促进型调节焦点的个体更多的是表现出对自我实现与个人发展的关注，为了达成组织的共同目标、追求正面结果的出现，他们更乐于分享经验，在面临知识请求时会较少地表现出知识隐藏行为。防御型调节焦点的个体表现出更多的不情愿倾向，这类员工希望维持常规和稳定，选择隐藏知识会让他们感受到自身竞争力得以保持而不会焦虑（李磊等，2011）。

对于知识领地与创新的关系研究相对薄弱，只是少数学者提出，并未有实证检验。根据心理所有权和领地行为理论研究发现，员工心理所有权越强，领地行为越明显，进而影响到成员之间的合作关系和合作绩效（Avey et al.，2009a）。心理所有权会影响员工的工作态度与行为，心理所有权会激发个体的责任意识，产生积极行为（Pierce and Kostova，2001）。例如，组织公民行为、利他行为以及承担创新风险的行为。李保明等（2016）认为，心理所有权越强，产生的角色外行为越明显，越能够有效推动个人创新的发展。因而，在知识创新的不同阶段任务，通过对知识资源的获取和控制，可以实现在短时间内改进或完善已有的方案，实现知识集成。因此，领地意识较强的个人，为了维护和巩固自己在组织中的地位和权力，产生对组织负责任的想法，以知识集成的创新方式，对组织做出贡献。另外，创新风险的存在一定程度上阻碍了个人的创新。创新风险是造成创新主体利益损失的最大因素。个体感知到可能会面临的工作不安全感但无法解决时，出于自我保护，易产生风险规避，即减少冒险和创新行为，因此，对获取新知识与创造新机会是不利的，领地行为在心理所有权与知识创新之间存在中介作用。

综上所述，知识领地源自个体与团队或组织对特定知识的所有权感知及行为表达，在创新过程中存在积极和消极的双面性。因而，探究如何通过情境调节，获得更多进行创意实施的知识资源的支持，无疑是解决创新问题的关键。

2.4 研究的发展动态

通过文献梳理发现，已有研究集中从心理所有权和调节焦点视角，考察了知识领地与创意实施的关系，为未来研究提供一定的理论依据。然而，由于知识领地对创意实施的相关研究仍处于初期探索阶段，难免遗漏一些未涉及的"盲点"，需要后续研究进行补充。

（1）深入挖掘知识领地与创意实施的中介和情境要素，将有利于更准确地解释二者之间的作用过程。知识领地与创意实施的中介机制研究不足，较难刻画二者关系的"过程黑箱"。现有研究仅从资源交换视角出发，考察了知识领地与创意实施的直接作用关系，较少涉及对中间过程的探讨，深入考察知识领地到创意实施的中介机制，将有利于丰富创新全过程的理论体系（Jong and Hartog，2010；Xu and Li，2021）。团队内不同成员之间"领地性的差异程度"会增加成员之间的冲突，对团队绩效造成不利影响。由于创造力自身具有的新颖性和变革特征，这就可能引发个体之间的任务冲突或人际冲突，进而降低创造力实施的现实效果（Jong and Hartog，2010）。故本书将聚焦于科创型团队及成员，以个体层面视角，探寻知识领地（标记行为和防卫行为）组合构型对创意产生和创意实施的影响；通过定性比较分析，解答创意实施在个体和团队的不同层面受知识领地的影响是否存在差异性，以及识别知识领地对创意实施影响的组态因素。

（2）构建多层次的研究模型，厘清不同层面的研究变量对知识领地与创意实施的影响以及变量间的作用路径。领地性行为发生在个体、团队、组织等多层面，现有研究仅从单一的个体特征或是情境特征出发考察领地行为与创意实施的关系，无法准确描绘个体因素与组织情境因素之间的交互影响，其结论的准确性也有待考证。同时，各个层面的领地性是在一系列情境和复杂动机下形成的（Hays and Williams，2011；Li et al.，2020），知识领地的正负面效应是客观存在的。故本书以个体和团队层面，采用跨层次方法，探析团队外部知识领地对创意实施的跨层次传导机制。研究将团队信息交换作为重要变量（Gong et al.，2012，2013），探讨信息交换在团队知识领地和创意实施之间关系在不同层面的中介和调节作用，考察团队信任在个体创意实施向团队创意实施转化的中介效应，以此拓展创新过程理论体系的研究内容。为个人、团队以及组织在知识管理中，如何进行知识领域的"边界"管理提供建议，也有助于深化对创意实施的规律认知。

（3）鉴于知识领地的正负面效应，创意实施研究变量的复杂性及实现路径差异，可考察知识领地对创意实施的协同效应、替代效应，以及两者的动态性。以往的研究主要以静态研究范式，考察领地行为的产生原因，以及如何影响创新，而领地行为会在不同情境下产生推移转变，且对创意实施需要通过资源的获取、累积等才能检验证实。随着研究的不断深入，已经有学者意识到，在创新的不同阶段，领地行为的差异会对创新产生不同的影响（Yuan and Woodman，2010），多层面间领地行为以及与情境因素之间的交互作用并非简单的"单次因果"关系，而可能存在"循环"和动态演化规律。

综上所述，创意实施的困境已经给组织发展带来了现实挑战，而现有理论研究仍处于初期阶段，亟须科学的研究设计指导组织实践。鉴于此，本书拟在已有研究的基础上，通过三项研究内容，对知识领地的边界性，以及其对创意实施的作用关系和实践效果进行详尽探寻。

| 第 3 章 |

研究的理论框架与整体设计

本章确定本书的研究设计，聚焦于创新过程中的终端——创意实施，整体上关注知识领地与创意实施的相互关系以及两者间跨层次传导机制的研究。研究设计将涵盖本研究的理论基础、研究方法、研究结构安排和框架、研究技术路线图和研究的创新与不足之处。由于三项研究内容分别在第4章、第5章和第6章中进行详细的阐述，本章只作总体概括。

3.1 研究的理论基础

本书的研究目的是在于探讨知识领地与创意实施的相互关系以及跨层次传导机制。通过文献回顾，获悉在知识创新过程中，领地行为的正负面效应是客观存在的。因此，有必要明确在何种情境下，领地行为在个体与团队之间的传导机制，以及对创意实施的影响。然而，知识领地与创意实施的直接关联性研究较少，在探寻两者之间的跨层次传导机制需要一定的理论基础提供支撑，社会交换理论、心理所有权理论、创新过程理论、向上影响策略理论以及跨层次理论等为深入研究难题提供了理论基础。

3.1.1 社会交换理论

社会交换理论认为，当交换关系的一方提供资源并能够给对方带来收益时，对方出于互惠性，会相应地为维系、巩固乃至强化这种交换关系，回馈给对方一定的益处。知识作为创新的关键资源，知识会独立并与其他因素结合在一起对员工的创造力产生影响，同时，团队创造力不单单是员工创造力的加总，它是情境影响、团队过程、团队特征、团队构成和员工创造力交互作用的结果（Woodman et al.，1993）。一些学者在实证研究中提到通过与他人交往，员工可以积累和汇集有关工作任务，或与工作问题相关的信息资源，可以接触到各种各样的想法和思维方式，并高效率地合成共享资源，成为工作领域的知识库，这有利于发挥创造力和实施创意（Avey et al.，2010；Li et al.，2020）。

从社会资源交换视角出发，组织中的个人并非完全理性，但在社会交换中确实会权衡交换的成本与收益。另外，在此过程中，人们所交换的资源，除了物质性资源外，也包括交换的非物质性资源，如情感（Cropanzano et al.，2017）。作为社会交换关系的一种类型，员工－组织关系必定涉及员工与组织之间的资源交换关系。只有当员工感到自己与组织关系较好时，才会可能并愿意分享自己的知识。组织为员工提供资源，员工为组织发展做出贡献。同样，组织要想突破员工的知识领地边界，也需要给员工提供物质奖励与情感支持，因此，促进员工形成知识分享意愿是实现知识共享的有效方式。在这一过程中，员工会就排他性知识使用带来的净收益与组织给予的物质奖励与情感支持进行权衡并做出相应决策。

3.1.2 心理所有权理论

心理所有权是指个人对目标物拥有、依附和依赖的感觉，知识心理所有权是个体对知识归属问题的心理感知，个人和组织可以拥有共同所有权，两者并非此消彼长的关系（Avey et al.，2009b）。员工在获取或创造知识时，是知识的实际掌控者，会直接产生知识是"我的"心理感知，但员工离不开组织资源的支持。员工可能会产生知识也是属于组织的心理认知，即"我们"的知识。

心理所有权理论解释了知识在创新过程中，被视为个体"自己的"私有物，还是"我们的"共享资源，作为领地行为的产生机制。个人的领地意识较强会倾向于知识隐藏、知识囤积等行为（Peng and Pierce，2012；Ceme et al.，2014），导致知识资源不能有效的转移、分享和创造。如果组织或团队存在众多的个体知识领地，就容易滋生"山头主义"或"知识割据"的不利态势（刘军等，2016；张佳良等，2017；李鲜苗和徐振亭，2017）。但组织常常要求要形成以团队或组织知识共享的氛围，以此弱化个体的知识领地性（Brown et al.，2007，2014）。事实上，无论是个体、团队或组织的知识领地性，本质上都是对特定知识所有权的感知与独占性行为。

3.1.3 创新过程理论

范德文（van de Ven，1986）首次强调创意只有被合法化，真正予以实施后才能成为创新，坎特（Kanter，1988）也指出创意到创新的过程是多阶段的，创意产生只是创新的一个阶段。通过对已有研究文献的归纳，创新全过程的研究包括二阶段、三阶段以及四阶段的划分。第一，二阶段划分。主要包括创新产生与创意实现两个阶段（Amabile，1988），两阶段的个体和情境因素的影响有所差异（Yuan and Woodman，2010）。第二，三阶段划分。詹森等（Janssen et al.，2010）提出新增创意倡导阶段，将创新过程拓展为三个阶段。越来越多的学者也开始进行创新过程的研究，包括创意产生、创意识别、创意采纳等相关的影响和机理的探讨（Axtell et al.，2000；Baer，2012；Anderson et al.，2014；Li et al.，2020）。第三，四阶段划分。德容和邓哈托（Jong and Hartog，2010）试图从创意的孕育、创意产生、创意采纳和创意实施四个阶段描述创新过程。梅斯曼和穆德（Messmann and Mulder，2011）从动态和情境的视角对创新过程进行实证检验，包括机会发现、创意产生、创意推广和反思。佩里·史密斯和曼努奇（Perry-Smith and Mannucci，2017）将员工自下而上的创新过程分为创意产生、创意细化、创意倡导、创意实施四个阶段，其中创意实施涵盖创意采纳、产品化和商业化三个过程。该过程模型被认为是相对较为系统性的，并对各个阶段的含义与特征进行了全面的描述。员工通过自下而上的方式，主动寻求管理者的关注与反馈，以此完善该创意，即创意细化，然后通过创意倡导，提高创意识别，赢得管理者的认可与支持，从而提高创意被采纳的机会（Kim et al.，2014）。

创意的产生并不意味着他们可以有效地被实施，二者之间可能存在复杂的动态作用关系。创意识别在创意产生到创意实施的过程中，起到了关键性作用（Berg，2016；Zhou et al.，2017）。创意实施是工作场所中人际关系的互动过程，需要更多相关资源的支持，要想推进创意实施必须获取到关键的资源支持（霍伟伟等，2018；Li et al.，2020）。故在创新过程的不同阶段，需要考虑知识资源特性、获取方式以及收益和风险等因素。

3.1.4 向上影响策略理论

领导或管理者在创新过程中扮演着极其重要的角色，是员工行为和工作绩效的重要反馈来源。向上影响策略是员工为获取管理者对创意的认可与支持，所采取的主动性行为策略（Yukl et al.，2008；Lee et al.，2017；朱桂龙等，2021）。不同风险偏好的领导者在考虑创新风险收益和创新失败损失的决策是存在差异的（Manso，2011；Tian and Wang，2014）。

通过文献回顾，研究者发现面对员工的主动创新行为时，管理者基于四个方面的原因，会忽视或拒绝该创意。

（1）决策者的有限理性与路劲依赖，即倾向于原有的决策框架和经验评估创意，进而影响决策者对创意的识别和评价创造性想法的过程（Mueller et al.，2018）。伯格（Berg，2016）的研究发现，与创意产生者相比，管理者的角色限制了个人的发散思维，倾向于聚合性思维，依赖于以往经验来判断，缺乏对创意产生过程的开放性和敏感度，影响了对创造力的评价。

（2）不确定性规避。从创新本身来看，越是创新的东西，失败的概率越高。天使投资的成功率不足 3%，大量创新会死亡。管理者对新思想中不确定性的规避态度不利于他们对创造性思维的认可（Mueller et al.，2012，2018）。除此之外，领导者为维护自身地位，迎合外在的绩效标准和要求，对可能失败的创新活动采取逃避的方式，这些均不利于创新的实现（Burris，2012）。

（3）创新资源限制。由于创新资源的稀缺性，组织不可能使所有的创意都能被付诸实施。在创意识别到创意实施阶段中，创意实施需要更多的支持性资源以及团队成员更紧密的协作（Huo et al.，2017）。管理者会将创新资源投入于与组织战略目标一致的创意方案中，或是与管理者较为熟悉的专业和技术领域的创意（韩雪亮和王霄，2015；Lu et al.，2019）。

（4）组织制度规范。为降低风险和绩效的不确定性，组织会制定更为严格的风险管控制度，或将导致创新活动的审批制度程序烦琐化和僵硬化，致使新技术和新产品的创新进程被搁置，从而限制了企业的创新能力，还可能使管理者的风险容忍度受到限制，从而对企业创新效率有抑制作用，内部控制悖论现象的产生原因之一是创新制度效率低下的所致（吕文栋等，2017）。因此，下属能否通过一系列主动性创新行为获得管理者的创意认可与识别，是非常重要的（Yukl et al.，2008），故向上影响策略理论可以为个体创意实施到团队创意实施提供理论依据。

3.1.5 跨层次理论

以往在组织研究领域，多数学者的研究分别沿着两条思路展开。其一，从社会学的视角出发，以企业、群体和团队等单位作为研究对象，考察群体/团队输入、运作过程及产出结果（I 投入 – P 过程 – O 产出）的相关问题。其二，基于心理学视角，探究个体特征、主观感知及行为倾向等方面的问题。然而，组织本质上是一个多层次的嵌套系统。微观个体的认知和行为嵌入在团队或更高层次的组织/群体/团队互动过程中，并受到高层次环境的影响；通常情境特征与较低层次的元素特征产生交互作用，更高层次的行为主体（如领导者）在互动过程有可能受到较低层次中关键个体行为的影响（Kozlowski and Klein，2000）。因此，如果研究者仅采用微观或宏观单一观点通常无法准确、全面的揭示现象。持有微观观点的学者关注个体层次，忽略了不同组织/群体/团队情境对个体行为的影响；而持有宏观观点的学者围绕组织特征形成理论模型，忽略了个体的行为，多层次理论恰恰可以解决以上问题。

本书中无论是知识领地还是创新，都涉及个体和团队层面。如何解决知识领地的边界性，以及实现个体创造力到团队创造力的转化等，采用跨层次理论的分析更加符合研究议题。

3.2 构思设计

（1）本书通过已有研究的分析和归纳，了解知识领地与创意实施的研究进展，获悉不同层面的知识领地的差异性及原因分析。

（2）以科创型团队及成员作为研究对象，构建知识领地的两种行为（标记行为和防卫行为）的一致性与不一致性对创新过程的影响模型，提出研究假设予以验证，解答个体的知识领地性强度如何联合影响创意产生与创意实施。

（3）通过定性比较分析，识别不同层面的知识领地对创意实施的多重传导路径。

（4）构建团队知识领地对个体创意实施和团队创意实施的跨层次关系模型，并以此了解个体创意实施影响团队创意实施的作用机理。

（5）采用典型案例分析和准实验方法，进行知识领地与创意实施的演化关系构建及干预策略的研究。

本书的相互关系如表 3.1 所示。

表 3.1　　　　　　　　　　　　本书研究的相互关系

研究问题	研究内容	研究方法	章节
问题 1：知识领地与创意实施关系研究进展—已有的理论研究和现实状况；个体、团队或组织层面的知识领地的差异性及产生原因	知识领地、创新过程、团队过程、案例研究、多层次	文献分析、二手资料、内容分析	第 1、第 2 章
问题 2：知识领地的组合构型对创意实施的影响；知识领地与创意实施的路径关系的关系如何；在不同层次上的表现如何；影响过程是怎样的	知识领地行为对创意实施的响应面分析以及两者的组态效应研究	多项式回归、响应面分析、定性比较分析	第 4 章
	知识领地（个体和团队）与创意实施（个体和团队）的跨层次效应分析	验证性因子分析、信效度分析、相关性分析、多层次分析	第 5 章
问题 3：知识领地与创意实施的演化关系如何；如何实施干预以及干预效果评估	知识领地与创意实施的纵向追踪研究	深度访谈、典型案例分析、准实验研究	第 6 章

3.3 本章小结

针对本书研究内容与研究目标，本章对社会交换理论、心理所有权理论、创新过程理论、向上影响策略理论以及跨层次理论进行简要概述，以此作为本书研究的理论依据。同时，对接下来的整体研究进行了构思设计。

知识领地组合构型对创意实施传导的探索性研究

知识成为组织保持竞争力的重要资源，亦是创新驱动发展战略的核心要素。知识资源对创造力的影响已经受到研究者的高度关注。创造力投资理论和创造力交互理论都将知识视为创造力的重要来源（Sternberg and Lubart，1999；Woodman et al.，1993），知识将单独或者与其他因素共同影响员工的创造力。获取有价值的知识资源提高创造力并非是件易事。当从领地的资源利用模式中获得的收益超过排他性使用和保护该领地所花费的成本时，个体就会采取领地行为。

领地性行为发生在个体、团队、组织等多层面，现有研究仅从单一的个体特征或是情境特征出发考察领地行为与创意实施的关系，同时，各个层面的领地性在一系列情境和复杂动机下形成的，知识领地的正负面效应是客观存在的。基于此，本章借鉴以往知识领地、创新过程相关研究成果，从个体层面的视角，采用多项式回归、响应面分析，探寻知识领地中标记行为和防卫行为的一致性与不一致性对创意产生和创意实施的影响，以及采用定性比较分析方法，识别不同层面下，知识领地对创意实施的多重传导路径机制。

4.1 研究目的

鉴于以往对知识领地与创意实施缺乏个体和团队层面相结合的系统性研究，因此，本书将研究对象聚焦于科创型团队及成员，力图实现两项研究目的：

（1）以个体层面视角，采取因子分析、相关分析、多项式回归和响应面分析，探寻知识领地（标记行为和防卫行为）组合构型对创意产生和创意实施的影响。

（2）通过定性比较分析，解答创意实施在个体和团队的不同层面受知识领地的影响是否存在差异性，以及识别知识领地对创意实施影响的组态因素，为后续的跨层次模型的构建与验证提供支撑。

4.2 子研究一：知识领地组合构型对创意实施的影响

4.2.1 引言

在知识管理领域，领地性存在于知识型员工、团队或组织中，表现为"掩饰知识，留一手""装傻""教会徒弟，饿死师傅"等现象（Brown et al.，2005）。已有的研究主要通过心理所有权理论解释知识在创新过程中，被视为个体"自己的"私有物，还是"我们的"共享资源，作为领地行为的产生机制。

研究者就个体领地行为引发的效应机制所持观点不同。持正向观点的认为，领地行为会减少组织内部冲突、有利于激发个体创造力、降低创新风险（Brown et al.，2005；彭贺，2012）。持负向观点的认为，领地行为可能引发囤积知识和知识隐藏（Das and Chakraborty，2018）、产生同事间疏离（Brown et al.，2005）、阻碍知识转移与分享（Brown and Robinson，2007；Webster et al.，2008；曹洲涛和杨瑞，2014）、影响创新过程（霍伟伟等，2018；李鲜苗和徐振亭，2017），以至于降低组织绩效（Stemberg and Lubar，1999）和组织指向的公民行为（范雪灵等，2018）。而组织领地行为的研究多从团队领地氛围、文化倾向等角度，探讨其影响和效应机制（Fan et al.，2018）。如果组织或团队存在众多的个体知识领地，就容易滋生"山头主义"或"知识割据"的不利态势（刘军等，2016）。因此，组织常常要求形成以团队或组织知识共享的氛围，以此弱化个体领地行为的负面影响。但是，一些学者也提出，团队或组织领地氛围更易于强化个体的领地行为。较高的领地氛围，不利于团队协作与团队信任，易于产生冲突，不利于个人和组织的创新（李鲜苗和徐振亭，2017）。

更值得注意的是，创造力是新想法的产生，而创新则是新想法在实践中的应用，众多学者提出应当注重创新过程的研究。创意的产生并不意味着他们可以有效地被实施，二者之间可能存在复杂的作用关系与利益主体（West，2002；Lu et al.，2019），如果某些创意不能被实施，意味着有些知识资源将被视为浪费。并且鉴于知识领地在个体与组织间存在边界障碍（Serenko and Bontis，2016），在某种情境下会产生冲突，更加影响了创新资源有效配置与创新实现。

已有研究对知识领地与创新的关系进行了诸多探讨，但仍存在进一步研究的空间。首先，领地行为在不同层面，以及同一层面对创新的研究结论存在差异性，个体领地行为是否会受到团队或组织情境影响，以及产生的效应机制有待于进一步探讨。其次，团队领地氛围如何跨层影响个体领地行为对创新过程的影响还有待检验。知识领地行为与创新过程的关系有待细化和系统地分析与实证检验。

鉴于此，本研究基于社会交换理论，以创新团队及成员为对象，试图探究知识领地行为是如何通过创意产生进而影响创意实施，以及探究团队领地氛围是如何调节个体层面的领地行为与创新过程的关系。具体包括：第一，区分个体层面的领地行为以及获悉个体感知的团队领地氛围，并且以标记行为和防卫行为的强度的一致性和不一致性进行组合；第二，在解构领地行为中标记行为和防卫行为组合的基础上，检验一致性与不一致领地性行为对创意产生和创意实施的影响，揭示差异性的效应机制；第三，跨层面分析团队领地氛围是否存在个体知识领地与创新过程的边界调节。子研究一结论将丰富知识领地性和创新过程的理论研究，揭示知识领地与创新过程相互关系的作用机理，为解答知识资源跨界的"困惑"和创意实施的"困境"提供建议。

4.2.2 文献探讨与研究假设

4.2.2.1 知识领地的组合构型与创新过程的关系研究

依据社会交换理论的互惠原则，个体会根据他人如何对待自己来决定未来的行动。当员工感知到组织的认可与支持时，员工作为回报组织，乐于分享"我的"经验与知识，形成的良好的知识共享氛围，有利于个体和团队的创意产生，获得更多的组织支持，推进创意顺利实施（Friedman and Förster，2001）。但如果不采取适当的防卫行为，"我的"技术和知识可能会其他人被盗用，降低人与人之间相互信任，破坏知识共享的创新氛围。具有较高防御心理的个体，会希望维持各自知识领域，互不侵犯，使个人竞争力、知识位势不会受到威胁（李磊等，2011；Agarwal and Farndale，2017），但是会降低团队成员之间的合作，增强成员之间的疏离感，对创造性想法质量的提升，以及获取关键性资源的支持推进创意实施是不利的。基于以上分析，本研究认为领地行为中标记行为和防卫行为的强度对个体与组织创新的影响存在差异，过多地强调某一种领地行为都是不利的，如果能够将两者的优势结合并实现互补，将有效地推进创意产生和创意实施。

标记行为和防卫行为能够通过区别和保护"我的"和"我们的"知识与经验，实现组织内成员"互利共赢"。就创意产生而言，当标记行为和防卫行为强度一致时，个体成员能够将"我的"知识与技能展现给其他成员和管理者，通过互惠交流有助于获得有价值的信息资源，提升创造性想法的质量。在知识共享时，一些复杂与关键性技术将不会被公开，利于知识产权的保护与监管（Lu et al.，2019）。就创意实施而言，当标记行为和防卫行为强度一致时，其他成员和管理者明白分享的知识是属于"谁的"，为了减少未来人际冲突和任务冲突的发生，也不会贸然盗取（Brown and Baer，2015）。领导者和团队成员所营造的组织学习和知识分享氛围，有助于彼此之间的信任与交流，提供创意实施关键性资源的支持与帮助（Andrews and Delahaye，2010；Zhou et al.，2017）。因此，提出假设 1 和假设 2：

H1：标记行为和防卫行为强度一致时，有助于创意产生。

H2：标记行为和防卫行为强度一致时，有助于创意实施。

在标记行为和防卫行为强度一致时，本研究还应当细化具体情境，比较"高标记行为－高防卫行为"与"低标记行为－低防卫行为"对创意产生和创意实施的差异化影响。在"高标记行为－高防卫行为"组合中，员工既能通过展现自己的知识、经验或创意给其他成员与管理者，实现互动交流与反馈，又能适当地保护自己的知识和技能不被盗用，管理者也会为避免知识产权等纠纷进行监管和监督，达到既能维护好个人利益不受损失，同时又可以营造共享知识与组织创新氛围，推进较高质量的创意产生和创意实施。然而，在"低标记行为－低防卫行为"组合中，成员的标记行为和防卫行为均不强烈，认为拥有的知识、技能都是"我们的"，是团队或组织成员共同的，有利于组织知识的存储而易于实现渐进式创新。从长远来看，同质性知识不利于激发突破式创新思维，以及承担开发全新知识、技能带来的高风险（Brown and Baer，2015；Somech and Drach-Zahavy，2013）。因此，相对于高标记高防卫行为，低标记低防卫行为对于创意产生和实施的作用效果没有那么显著。因此，提出如下假设 3 和假设 4：

H3：当标记行为和防卫行为强度一致时，相比低标记低防卫行为，高标记高防卫行为的领地组合更容易促进创意产生。

H4：当标记行为和防卫行为强度一致时，相比低标记低防卫行为，高标记高防卫行为的领地组合更容易促进创意实施。

同样，在标记行为和防卫行为强度不一致时，也需要比较"高标记行为－低防卫行为"与"低标记行为－高防卫行为"的领地差异化组合效应，进而区别哪种组合能产生"主导"与"辅助"效应。在高标记低防卫行为的组合中，成员乐于展现或分享"我的"知识或技能，为其他成员或组织利益服务，形成奉献精神和利他主义行为，即便发生自己的知识或技能被其他人员盗取了，由于较低的防御心理，也不会产生报复或反生产行为，一定程度上有利于组织内成员的创意产生与实施。除此之外，作为团队领导会认为，如果将团队内部共享"我们的"知识或技能，鼓励成员共同参与、谈论与交流，分享研究成果，有利于提升团队创造力和突破式创新的实现（Somech and Drach-Zahavy，2013）。而在低标记高防卫行为的组合中，成员之间存在相互提防的心理，又不会将核心或关键性知识、技术进行交流，不利于隐性知识的共享。长期而言，对成员个人的创意质量的提升是不利的，同时也不利于创意实施。因此，提出如下假设 5 和假设 6：

H5：当标记行为和防卫行为强度不一致时，相比低标记高防卫行为，高标记低防卫行为的领地组合更容易促进创意产生。

H6：当标记行为和防卫行为强度不一致时，相比低标记高防卫行为，高标记低防卫行为的领地组合更容易促进创意实施。

4.2.2.2　创意产生的中介作用

通过前文的分析，成员领地行为的差异化会对创意产生和创意实施产生不同影响。依据社会资源交换理论，高质量的互动交流，所缔结的互惠关系或其他类的情感关系就越强，成员更加易于获得更多的创新资源和较高的信任，清楚哪些知识是"我的"和"我们的"。员工可以将各种方案与其领导或同事交流和讨论，不用担心受到嘲弄或被利用，降低了防御心理，从而提高可选择方案的质量，促进创意产生。团队内成员之间的知识分享能够使团队避免过程丢失和关系丢失给员工创造力带来的潜在危害（Mueller et al.，2012），从而帮助员工真正利用团队工作带来多元化的知识或信息优势，提高个体的创意产生。

从创造力系统观出发，创造者将创意提交给决策者，决策者通过评估、选择来认可、支持和否决他人创意参与组织创新（Mueller et al.，2018）。有些领导表示，创始人的失败在于过于执着于自己的创意，却没有弄清楚创意是否符合市场需求或企业需求。对组织而言，创新的重点不在于创意的数量，关键是质量，即创意的新颖度、潜在价值和实施成熟度，需要经过反复评估的过程（Da Silva and Oldham，2012）。由于创新资源的稀缺性，组织不可能使所有的创意都能被予以实施，由此被拒绝的创新活动中就有可能中断，潜在的知识资源价值没有得以实现（Baer and Frese，2003；Baer，2012）。但是通过与团队成员或他人的互动，员工可以积累汇集有关工作任务或与工作问题相关的信息资源，可以了解并接触到利益相关者的想法和思维方式，获得更多异质信息和知识，使其成为工作领域知识的新机构（Gong et al.，2012），不仅有利于创意产生，还能够使得创意实施得到更多的支持性资源以及团队成员的支持与相互之间的更紧密的协作（Škerlavaj et al.，2014）。创意者如果能获得建设性的反馈意见，提高与完善创意质量，该项创意实施的成功率将大大提高（董念念和王雪莉，2020）。因此，提出如下假设 7：

H7：创意产生在知识领地组合与创意实施间的关系起到中介作用。

4.2.2.3　团队领地氛围的调节作用

组织氛围会影响员工的创造力。组织创新的互动观点认为，创新是组织中个体、团队或组织与情境互动的结果。阿马比尔等（Amabile et al.，1996）将创造力工作环境界定为组织成员对其所处的工作环境的感知，往往被称为组织创新氛围，涉及工作环境中与创造力相关的所有因素（曹科岩和窦志铭，2015）。哈蒙德等（Hammond et al.，2011）也认为情境因素（如创新氛围、积极氛围、主管支持等）会影响创意产生。领地氛围属于组织氛围的范畴，是指成员对组织内各部门呈现的针对其他部门"领地性"的感知，反映了团队或组织层面关于领地的特征（范雪灵等，2018；刘军等，2016）。

如果组织存在较高的个体领地行为，容易出现"知识割据"的局面，不利于组织内部知识的共享，如果组织成员将领地资源视为由群体所有，个体领地行为可能就会大幅减少（Brown and Robinson，2007）。但是，也有一些学者认为，团队或组织领地氛围更易于强化个体的领地行为。团队领导鼓励本团队内部成员，共同收集与分享知识，提倡团队内成员相互合作，对团队外部适当的采取隐藏行为（刘军等，2016）。在较高的领地氛围下，团队成员会效仿领导的领地行为，易于产生团队内部的领地氛围，最终影响团队成员的相互信任（范雪灵等，2018）。团队成员间相互不信任，不利于知识和信息资源的收集和分享。员工在创造活动中，有限的信息和知识会抑制创新性想法的提升，从而导致较少创新成果的产生。除此之外，较高的领地氛围，不利于组织内部门间的相互协作。由于创新资源的有限性和创新的不确定性，部门之间会相互防卫，争夺稀缺资源，甚至产生冲突，最终不利于组织和个体创新。综上所述，本研究认为，高的领地氛围会强化知识领地组合对创意产生的负面效应。因此，提出如下假设 8：

H8：团队领地氛围调节知识领地组合与创意产生之间的关系，相对于高领地氛围，低领地氛围易于促进创意产生。

具体研究框架如图 4.1 所示。

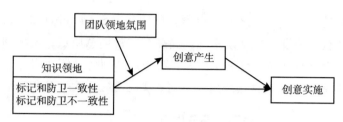

图 4.1　知识领地一致性与创意实施的模型关系

4.2.3　研究方法

问卷法是管理学定量研究中常用的研究方法，可以快速有效地收集数据（线上和线下），科学的量变具有较高的信度与效度，在获取合理的样本量下，容易得出高质量的数据与结论，并且该方法成本相对而言，较为低廉，对被试的干扰行也较小，可操作性强的特点（陈晓萍、徐淑英和樊景立，2008）。基于上述原因，结合本研究目的，采取问卷调查法，以此获取所需的研究数据。在测量知识领地中标记行为与防卫行为的一致性采用响应面分析方法。

响应面分析（response surface analysis）是以三维图形的方式刻画多项式回归结果，以清晰呈现两个自变量和一个因变量之间微妙关系的技术方法（Shanock et al.，2010）。与传统的交互作用分析法相比，响应面分析法具有明显的优势：首先，传统方法只能呈现变量间的二维平面关系，而响应面分析则可以呈现变量间的三维立体关系；其次，响应面分析可以对细节性的问题提供详尽的解释，例如，可以回答两个自变量的匹配程度与因变量的关系，还可以回答两个自变量在高、低水平上匹配时因变量的阈值，以及当两个自变量不匹配时因变量的偏态（唐杰等，2010；吕迪伟等，2018；柏帅蛟等2018）。响应面的基本要素包括驻点、主轴、一致性匹配线和不一致性匹配线，它们共同决定了响应面的形态。驻点是在响应面各个方向上的斜率都为0的点。主轴是在驻点相交并相互垂直的两条直线。一致性匹配线是 $X = Y$，即两个自变量完全一致时的直线。不一致匹配线是 $X = -Y$，即两个自变量完全不一致时的直线。本研究中两个自变量，分别为标记行为和防卫行为，该多项式回归的基本公式如下：

$$Z = \beta_0 + \beta_1 X + \beta_2 Y + \beta_3 X^2 + \beta_4 XY + \beta_5 Y^2 + \varepsilon \qquad (4.1)$$

当 $X = Y$ 时，方程（4.1）可以变形为方程（4.2）；当 $X = -Y$ 时，方程（4.1）可以变形为方程（4.3）：

$$Z = \beta_0 + (\beta_1 + \beta_2)X + (\beta_3 + \beta_4 + \beta_5)X^2 + \varepsilon \qquad (4.2)$$

$$Z = \beta_0 + (\beta_1 - \beta_2)X + (\beta_3 - \beta_4 + \beta_5)X^2 + \varepsilon \qquad (4.3)$$

定义 $\alpha_1 = \beta_1 + \beta_2$、$\alpha_2 = \beta_3 + \beta_4 + \beta_5$、$\alpha_3 = \beta_1 - \beta_2$、$\alpha_4 = \beta_3 - \beta_4 + \beta_5$，$\alpha_1$、$\alpha_2$ 分别为 $X = Y$ 时响应面的斜率和曲率，α_3、α_4 分别为 $X = -Y$ 时响应面的斜率和曲率。斜率和曲率的显著性可以计算得到，例如，α_1 的 T 值计算如下：

$$T_1 = \frac{\alpha_1}{\sqrt{SE^2\beta_1 + SE^2\beta_2 + 2\text{cov}(\beta_1\beta_2)}} \qquad (4.4)$$

在响应面分析中，本研究对方程（4.2）和方程（4.3）进行最小二乘估计，并对回归系数的显著性进行 T 统计检验。描述性统计分析和验证性因子分析主要以 SPSS 19.0 软件和 AMOS 17.0 分析软件进行。

4.2.4　研究问卷设计

4.2.4.1　信度和效度分析

信度和效度检验是保证数据分析结果准确性的重要指标，因此在假设检验之前，本书首先对问卷测量的信度和效度进行评估。

（1）信度分析。信度（reliability）是表示测量工具内部一致性和稳定性程度的指标，用于考察量表的可靠性。常用的信度指标有再测信度、折半效度和 Cronbach's α 信度。其中，Cronbach's α 信度系数更适用于定距尺度测量的李克特（Likert）量表，因而在行为测量方面应用最广。通常认为，Cronbach's α 的值最好大于 0.7；如果在 0.6 ~ 0.7 之间，为可以接受；如果小于 0.6，则应该考虑重新修订量表或删除指标。在对量表进行 Cronbach's α 检验的同时，本研究采用修正后项目总相关系数评估法（corrected item total correlation，CITC）来检验量表的信度。修正后的项目总相关系数是在同一变量维度下，每一测量项目与其他所有测量项目之和的相关系数，其目的是为了减少测量条款的多因子符合现象。通常认为，CITC 值小于 0.5 的测量条款应当删除。

（2）效度分析。效度（validity）是测验指标能正确测量出所要衡量事物性质的程度，目的在于揭示变量和测量题项间的关系，一般分为内容效度和构思效度。内容效度是指该测量工具是否涵盖了它所要测量的某一构念的所有项目，其更多的是依据研究者在定义上或者语义上的判断。研究中可以通过两种方法保证内容效度，即参考已有的成熟量变，其测量的题项是经过大量实证检验的，得到了学者们的认同。另外，在借鉴国外成熟量变的基础上，采用双向翻译的方式，容易提高其内容效度。而构思效度是指实际测评的结果与所构建的理论构念的一致性程度，包括收敛效度与区分效度。收敛效度是指不同测量题项是否在测量同一变量，常用的指标为平均方差抽取量（average variance extracted，AVE），通常 AVE 的取值要大于 0.5（吴明隆，2009），AVE 值越大，观察变量对潜在变量解释的总体方差越大，相对的测量误差越小。区分效度则是指不同变量间是否存在显著性差异。

通常情况下，检验构思效度的常用方法是进行验证性因子分析（confirmatory factor analysis，CFA），适配指标包括平均"近似"平方和系数（RMSEA）、比较拟合指数（CFI）、增量拟合度指数（IFI）、卡方自由度（χ^2/df）、调整拟合度指数（AGFI）。RMSEA 主要用来比较假设模型与完美契合的饱和模型之间的差异程度，数值越大表明模型越不理想，与残差均方和平方根（RMR）相比，RMSEA 受样本量的影响较小，小于 0.05 表示非常好的拟合效果，在 0.05~0.08 时，表示模型拟合度良好；在 0.08~0.10 时，表示模型拟合度尚可接受；高于 0.10 时，表示模型拟合度欠佳（Browne and Cudeck，1993）。CFI 反映了假设模型与无任何共变关系的独立模型的差异程度，以 0.90 为 CFI 的临界值。IFI 主要用来处理样本量对于 NFI 指数的影响，数值越大表示拟合度越佳，指标大于 0.90 视为模型具有理想的拟合度（Hu and Bentler，1999）。由于卡方检验与样本量相当敏感，样本量越大，越能导致理论模型被拒绝，因而研究者多采用 χ^2/df 来考察模型的拟合度，当 χ^2/df 小于 2 时，表明模型拟合较好，在 2~5 之间时，模型可以接受（侯杰泰等，2004）。AGFI 类似于回归分析中的调整后可解释变量，数值越大则模型的契合度越高，AGFI 的判断标准与 GFI 一致，大于 0.90 时模型可以接受，GFI 为契合度指数，类似于回归分析中的可解释变异量 R^2，但是受到样本量大小的影响（Bagozzi and Yi，1998）。

研究采用的检验指标汇总，如表 4.1 所示。

表 4.1   研究采用的检验指标汇总

项目	AVE	Cronbach's α	CITC	RMSEA	CFI	IFI	χ^2/df	AGFI
取值范围	[0, 1]	[0, 1]	[0, 1]	[0, +∞]	[0, 1]	[0, 1]	[0, +∞]	[0, 1]
临界值	(0.5, 1]	[0.6, 1]	[0.5, 1]	[0, 0.08]	[0.9, 1]	[0.9, 1]	[0, 5]	[0.9, 1]

4.2.4.2 共同方法偏差

共同方法偏差是一种系统误差，它是由于同样的数据来源或评分者、同样的测量环境、项目语境以及项目本身特征所造成的预测变量与效标变量之间人为的共变。由于本次调研对象涉及知识型员工和团队领导，在实际调研中可能会受到测量环境、测量语境以及环境特征，例如，领地性、领地氛围、创意产生、知识分享等，与人为的社会称许性相结合，由此造成对研究结果产生严重的混乱并对结论存在潜在的误导的可能。因此，本研究按照周浩和龙立荣（2004）的做法，采用 Harman 单因素检验解决共同方差偏差的问题。

4.2.4.3 社会称许性偏差

社会称许性（social desirability）偏差，是指个体的行为由于受到文化价值观的影响而趋同社会所接受的方式和程度。在调研中，很多被访者为了给别人留下良好、正面的印象，在回答问题时总会展示出积极的自我倾向，会降低调研数据的真实性。调研中包括的个体知识领地中的标记行为、防卫行为，以及创意产生、创意采纳等的敏感题项时，需要采用一些方式降低社会称许性偏差，以获较高质量的数据。第一，在问卷的题目设计方面，题目的措辞经过人力资源专家的讨论，避免使用敏感词汇造成被访者的警惕和顾虑，并在题目的顺序编排中给予合理设置。第二，在调研之前，从企业的人力资源管理部门拿到调研对象的基本资料，在调研问卷上做上编号，并将编号进行记录和配对。在实际调研中进行匿名调研，并强调问卷属于学术研究目的，研究负责人会承诺信息保密。第三，本次调研对象为科研创新团队成员和团队领导者，为避免集中填写问卷的形式，分两次进行调研，采用每人一个信封，在信封口贴好双面胶，被访者填好问卷后，自行封口，投入放在走廊中的封闭信箱中，以减轻被访者的心理顾虑。

4.2.4.4　变量测量

本研究的主要变量有知识领地（标记行为和防卫行为）、团队领地氛围、创意产生和创意实施，值得说明的是，由于上述量表主要来自相关学者在西方国家和文化背景下开展的研究，问卷题项能否简单移植和借用的问题一致困扰着国内学者基于本土文化的研究，为保证测量可靠性和有效性，所有量表都进行了以下两个方面的处理：一是运用标准的翻译和回译程序将量表转换为中文版本，并讨论确定合适的译句和表达；二是结合中国的管理实践，对量表问项的意义和指向、评价刻度、可能的理解和回答等方面进行仔细斟酌，以保证中文版问项在不偏离原有语义的基础上，能够被中国文化背景下的管理实践者所理解。所有量表都采用李克特 5 点评分法，1 表示完全不符合，5 表示完全符合。

（1）知识领地。借鉴布朗等（Brown et al.，2015）和埃维等（Avey et al.，2009a）的量表基础上，进行了调整，其中标记行为有 8 个题项，防卫行为有 7 个题项。例如，"我会展示获得的奖状、文凭、职称，作为分享知识的一种途径""当我的知识被大家认可和尊重时，我倾向于分享经验、技能""在团队中，有必要保护自己的知识和技术免得他人盗用""当我发现我的技术和知识被盗用时，我会对盗用者不信任"等。

（2）团队领地氛围。借鉴刘军等（2016）针对中国情境下开发的 4 个题项量表。具体测量题项包括"我们会有意无意跟其他团队/部门之间划清界限""我们团队/部门的成员都很在意自己的想法，不允许他人随便盗用""我们团队部门中，每个人的工作内容和职责界定很清楚，大家各行其是互不干涉"等。

（3）创意产生。借鉴吴和卢西亚内蒂（Ng and Lucianetti，2015）研究的基础上对量表的改编，有 3 个条目。例如，"提出了与现有产品/服务存在着明显差异的想法""提出了突破性的想法"等。

（4）创意实施。借鉴贝尔（Baer，2012）开发的 3 个题项。例如，"该员工的创意已经转化成有用的产品或流程""该员工的创意已经得到认可并予以实施""该员工的创意已经在市场上取得成功或在组织内成功实施了"。

参考以往创新行为的相关研究，将员工的性别、年龄、工作类型和工作职位作为控制变量（霍伟伟等，2018；West，2002）。

4.2.5　研究样本

调研对象影响到数据的代表性与科学性，从而影响到研究结论。基于此，本研究主要考虑以下几个问题：第一，研究对象的选择。为契合本研究主题，在选取样本时，有意识地选择科研创新型企业或其他科研机构；团队样本选取时，则选择技术创新活动频繁的知识或技术型团队、研发类团队、AI 科研团队；第二，减少同源误差。为减少分析资料来源相同而产生的同源误差，将问卷分为团队主管问卷与团队成员问卷，且注意主管与成员样本的配对。第三，团队数据的产生。由于团队领地氛围属于团队层次变量的衡量，需将个人填写结果加总平均为团队资料，因此需要较为完整的团队成员资料，此外，在产生团队层次资料之前，必须先检查团队内部成员的回答一致性。第四，后续研究。此次调研除了需要验证个体层面中知识领地与创意实施的关系，还需要考虑到相同的研究对象在团队层面时，团队知识领地与团队创意实施的关系，以此进行个体层面和团队层面的比较研究。

本研究的问卷调查对象为来自北京、上海、广州、江苏、浙江、安徽等地的 52 个科研创新企业和科研院所等科创型团队。数据的收集主要采用两种方式：一是发放纸质问卷，答卷者完成后或当场收回（如果条件允许），或以邮寄的方式收回；二是通过电子邮件或问卷星的方式，由答卷者完成后发回。

为减低共同方法偏差的影响（Podsakoff et al.，2003），分三次调研：第一次（T1）调研的变量为知识领地（个体与团队）与创意产生（个体与团队）；第二次调研（T2）的变量为团队领地氛围和创意实施（个体与团队）；第三次调研（T3）的变量为团队信任、团队信息交换。调研从 2018 年 10 月开始至 2019 年 9 月结束，三次调研间隔 3 个月。由于本研究模型涉及团队和个体两个层次的变量，因而在选择有效问卷时遵循样本的剔除标准为：第一，对于填写不完整问卷，若仅有个别遗漏可采用缺失值处理；若遗漏题项过多，则需要将该样本剔除。第二，检查被访者是否认真填写问卷，若对所有测量项目或者大多数测量题项打分一致、呈现"Z"型或者"中间"型的问卷予以删除。第三，因本研究涉及团队层面变量，需将团队成员有效问卷回收数低于团队成员总数 1/2 的团队样本予以剔除，否则无法保证团队数据的稳定性。在剔除无效问卷后，最终回收 32 家企业 41 个科研创新团队主管及 311 名团队成员的问卷，并进行了配对和编号，本次问卷回收率为79.8%。调查的团队成员、团队主管以及组织的具体情况如表 4.2、表 4.3和表 4.4 所示。

表 4.2   **团队成员样本特征**

团队成员样本特征（N=311）		样本数（名）	样本比例（%）
性别	男	214	68.8
	女	97	31.2
年龄	25 岁以下	37	11.9
	25～35 岁	127	40.9
	36～45 岁	114	36.6
	45 岁以上	33	10.6
工龄	3 年以下	56	18.0
	3～10 年	142	45.6
	11～20 年	55	17.7
	20 年以上	58	18.6
学历	大专及以下	15	4.8
	本科	56	18.0
	硕士	159	51.1
	博士	81	26.1
职称	初级	155	49.8
	中级	93	29.9
	高级	63	20.3
职位	基层	262	84.2
	中层	32	10.3
	高层	17	5.5

表 4.3 　　　　　　　　　　　**团队主管样本特征**

团队主管样本特征（N = 41）		样本数（名）	样本比例（%）
性别	男	32	78.0
	女	9	22.0
年龄	25 ~ 35 岁	16	39.0
	36 ~ 45 岁	13	31.7
	45 岁以上	12	29.3
学历	本科	5	12.2
	硕士	17	41.5
	博士	19	46.3
团队成立时间	1 年以下	9	22.0
	1 ~ 2 年	13	31.7
	2 年以上	19	46.3
加入团队时间		最短为 1 年，最长为 11 年，均值为 3.15，标准差为 2.78	
团队人数		最少为 3 人，最多为 16 人，均值为 7.4，标准差为 2.6	

表 4.4 　　　　　　　　　　　**企业样本特征**

组织样本特征（N = 32）		样本数（家）	样本比例（%）
组织性质	国有企业	13	40.6
	民营企业	9	28.1
	三资企业	10	31.3
组织规模	50 人以下	1	3.1
	50 ~ 99 人	12	37.5
	100 ~ 499 人	15	46.9
	500 人及以上	4	12.5
所属行业	通信制造	4	12.5
	机械制造	8	25.0
	软件服务	7	21.9
	新能源	4	12.5
	生物医药	5	15.6
	其他	4	12.5

4.2.6 数据处理结果与分析

4.2.6.1 数据的正态检验

本研究采用 SPSS 统计软件计算测量题项的偏度值和峰度值。结构方程模型对数据要求比较严格，所测数据必须服从正态分布。当偏度绝对值大于 3.0 时，一般被视为是极端的偏态；而峰度绝对值大于 10.0 时，表示峰度有问题；若峰度大于 20.0 时，被视为是极端的峰度（黄芳铭，2005）。因而，仅偏度绝对值小于 3 且峰度绝对值小于 10 时，其数据特征属于非严格标准的正态分布，轻微的情况不会对参数估计结果造成显著影响（侯杰泰等，2004）。数据处理后，研究结果显示，各个测量题项的偏度值介于 0.135 ~ 0.098 之间，峰度值介于 0.041 ~ 1.816 之间，低于偏度值和峰度值的上限标准。因此，本次问卷调查回收的数据分布非严格服从标准正态分布，数据符合效度分析。

4.2.6.2 共同方法偏差与缺失值处理

对于共同方法偏差的检验，采用哈曼单因素检验（周浩和龙立荣，2004）。对所有题项进行因子分析，发现共计提出 5 个因子，抽取第一个因子的方差贡献率是 14.80%，因此，共同方法偏差不会影响所要检验的变量间关系。

针对有效样本中缺失值的处理方法包括插补法、常数替代法和删除法（Enders，2013）。相比较而言，删除法操作简单但会错过样本隐藏的重要信息；常数替代法不会损失信息但主观性推测较强，容易引起数据的偏离。本研究为了保证数据客观性且不损失样本信息，拟采用插补法对缺失值进行处理。在各类统计软件中，SPSS 提供了 5 种缺失值的估计插补值：序列替代值、临近点均值、附近点中位数值、线性插值和线性趋势值。同时，由于同一团队内的成员之间所提供的评价数据可能存在一定的相似性，因而本研究采用线性插补法进行缺失值处理。

4.2.6.3 变量测量模型的信度和效度分析

信度系数越高，表示同一测量表内各个题项的测量值受误差的影响越小，测量题项就会在不同受访者的回答之间有一致的变动方式并能够反映真实状态。Cronbach's α 系数用于分析测量项目的一致性，大于 0.7 是一个较为合适的判断标准，如果小于 0.6，则应该考虑重新修订量表或删除指标，且删除题目的 Cronbach's α 系数可以作为删除条款的依据，各变量的信度检验结果如表 4.5 所示。

表 4.5   变量信度检验结果

变量	条款	CITC	删除该条款后 Cronbach's α 系数	Cronbach's α 系数
标记行为	TM1	0.623	0.732	0.787
	TM2	0.615	0.783	
	TM3	0.663	0.812	
	TM4	0.621	0.741	
	TM5	0.683	0.786	
	TM6	0.655	0.776	
	TM7	0.712	0.778	
	TM8	0.611	0.714	
防卫行为	TD1	0.743	0.814	0.829
	TD2	0.619	0.832	
	TD3	0.632	0.789	
	TD4	0.617	0.789	
	TD5	0.745	0.828	
	TD6	0.713	0.749	
	TD7	0.699	0.812	
团队领地氛围	TC1	0.603	0.901	0.897
	TC2	0.724	0.895	
	TC3	0.735	0.883	
	TC4	0.801	0.811	
创意产生	IC1	0.821	0.810	0.801
	IC2	0.768	0.793	
	IC3	0.773	0.807	

续表

变量	条款	CITC	删除该条款后 Cronbach's α 系数	Cronbach's α 系数
创意实施	II1	0.526	0.814	0.846
	II2	0.657	0.832	
	II3	0.678	0.827	

由表 4.5 可知，未删除任何条款的各变量 CITC 均大于 0.5，Cronbach's α 系数均大于 0.7；因此，各测量量表的内部一致性信度较好，均满足研究的要求。

根据理论构建，知识领地量表包括标记行为和防卫行为两个维度，标记行为包括 8 个测量题项，防卫行为包括 7 个测量题项，据此，知识领地量表的验证性因素分析模型设定如图 4.2 所示。

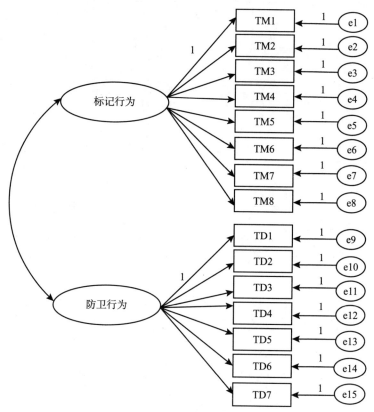

图 4.2　知识领地量表验证性因素分析模式设定

知识领地量表验证性因素分析结果如表4.6所示。

表 4.6   **知识领地量表验证性因素分析结果**

潜变量	项目	标准化负荷	测量误差	AVE
标记行为	TM1	0.69	0.54	0.63
	TM2	0.71	0.51	
	TM3	0.75	0.43	
	TM4	0.72	0.50	
	TM5	0.73	0.49	
	TM6	0.68	0.47	
	TM7	0.70	0.51	
	TM8	0.78	0.42	
防卫行为	TD1	0.81	0.33	0.61
	TD2	0.78	0.34	
	TD3	0.76	0.42	
	TD4	0.85	0.24	
	TD5	0.84	0.27	
	TD6	0.79	0.37	
	TD7	0.75	0.41	
拟合优度指标	$\chi^2/df = 1.522$；RMSEA $= 0.078$；AGFI $= 0.9276$；IFI $= 0.932$；CFI $= 0.932$			

由表4.6可知，模型的χ^2/df为1.522，小于临界值5；RMSEA 为0.078，小于临界值0.08；AGFI、IFI 和 CFI 均大于临界值0.9。由此可知，知识领地的测量模型拟合优度的各项指标均在模型接受的临界值范围内，模型从整体而言拟合程度良好，故可接受该测量模型。该模型的收敛效度由潜变量提取的平均方差抽取量（AVE）检验，标记行为和防卫行为的平均方差抽取量分别为0.63和0.61，大于收敛效度检验的标准值0.5，故认为该潜变量具有较好的收敛效度。区分效度主要通过 AVE 的平方根与潜变量之间的相关系数来评价。若 AVE 的平方根大于潜变量之间的相关系数，则说明不同潜变量的测

量指标之间具有明显的区分效度。潜变量 AVE 的平方根分别为 0.79 和 0.78，远大于潜变量之间的相关系数 0.43（如表 4.7 所示），表明潜变量之间区分效度良好。

表 4.7   知识领地两维度间的相关系数

潜变量	标记行为	防卫行为
标记行为	**0.79**	
防卫行为	0.43	**0.78**

注：表中对角线上的数据为平均方差抽取量的平方根（$\sqrt{AVE}$）。

团队领地氛围为单维变量，包括 4 个测量题项，据此，团队领地氛围量表的验证性因素分析模型设定如图 4.3 所示。

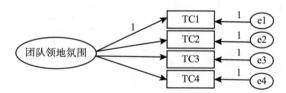

图 4.3   团队领地氛围量表验证性因素分析模式设定

团队领地氛围量表验证性因素分析结果如表 4.8 所示。

表 4.8   团队领地氛围量表验证性因素分析结果

潜变量	项目	标准化负荷	测量误差	AVE
团队领地氛围	TC1	0.71	0.37	0.57
	TC2	0.74	0.28	
	TC3	0.78	0.31	
	TC4	0.82	0.35	
拟合优度指标	\multicolumn{4}{l}{$\chi^2/\mathrm{df} = 2.003$；RMSEA $= 0.059$；AGFI $= 0.916$；IFI $= 0.924$；CFI $= 0.905$}			

由表 4.8 可知，模型的 χ^2/df 为 2.003，小于临界值 5；RMSEA 为 0.059，小于临界值 0.08；AGFI、IFI 和 CFI 均大于临界值 0.9。由此可知，团队领地氛围的测量模型拟合优度的各项指标均在模型接受的临界值范围内，模型从整体而言拟合程度良好，故可接受该测量模型。该模型的收敛效度由潜变量提取的平均方差抽取量检验，团队领地氛围的平均方差抽取量为 0.57，大于收敛效度检验的标准值 0.50，故认为该潜变量具有较好的收敛效度。由于团队领地氛围为单维变量，故无须进行区分效度检验。

根据理论构建，创意产生为单维变量，包括 3 个测量题项，据此，创意产生量表的验证性因素分析模型设定如图 4.4 所示。

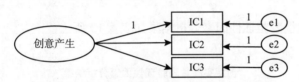

图 4.4　创意产生量表验证性因素分析模式设定

创意产生量表验证性因素分析结果如表 4.9 所示。

表 4.9　　　　　　　　　创意产生量表验证性因素分析结果

潜变量	项目	标准化负荷	测量误差	AVE
创意产生	IC1	0.78	0.39	0.55
	IC2	0.75	0.44	
	IC3	0.82	0.33	
拟合优度指标	$\chi^2/df = 1.298$；RMSEA = 0.057；AGFI = 0.943；IFI = 0.927；CFI = 0.936			

由表 4.9 可知，模型的 χ^2/df 为 1.298，小于临界值 5；RMSEA 为 0.057，小于临界值 0.08；AGFI、IFI 和 CFI 均大于临界值 0.9。由此可知，创意产生的测量模型拟合优度的各项指标均在模型接受的临界值范围内，模型从整体而言拟合程度良好，故可接受该测量模型。该模型的收敛效度由潜变量提取的平均方差抽取量检验，创意产生的平均方差抽取量为 0.55，大于收敛效度

检验的标准值0.50，故认为该潜变量具有较好的收敛效度。创意产生为单维变量，故无须进行区分效度检验。

创意实施为单维变量，包括3个测量题项，据此，创意实施量表的验证性因素分析模型设定如图4.5所示。

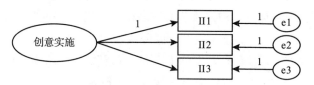

图4.5 创意实施量表验证性因素分析模式设定

创意实施量表验证性因素分析结果如表4.10所示。

表4.10　　　　　　　　　　创意实施量表验证性因素分析结果

潜变量	项目	标准化负荷	测量误差	AVE
创意实施	II1	0.71	0.50	0.54
	II2	0.78	0.39	
	II3	0.77	0.41	
拟合优度指标	$\chi^2/df = 1.813$；RMSEA $= 0.051$；AGFI $= 0.902$；IFI $= 0.937$；CFI $= 0.951$			

由表4.10可知，模型的χ^2/df为1.813，小于临界值5；RMSEA为0.051，小于临界值0.08；AGFI、IFI和CFI均大于临界值0.900。由此可知，创意实施的测量模型拟合优度的各项指标均在模型接受的临界值范围内，模型从整体而言拟合程度良好，故可接受该测量模型。该模型的收敛效度由潜变量提取的平均方差抽取量检验，创意实施的平均方差抽取量为0.54，大于收敛效度检验的标准值0.50，故认为该潜变量具有较好的收敛效度。创意实施为单维变量，故无须进行区分效度检验。

4.2.6.4 变量的描述性统计和相关性分析

相关分析用于检验变量间是否存在关联，其取值范围介于 $-1.0 \sim 1.0$ 之间。一般情况下，相关系数的绝对值在 0.3 以下为弱相关，0.3 ~ 0.8 为中相关，0.8 ~ 1.0 为强相关；若变量间的相关系数的绝对值大于 0.8 时，可能存在多重共线性问题（马国庆，2002）。由表 4.11 可知，标记行为与创意产生显著正相关（r = 0.539，p < 0.01），与创意实施显著正相关（r = 0.416，p < 0.01），防卫行为与创意产生显著正相关（r = 0.034，p < 0.01），与创意实施显著正相关（r = 0.054，p < 0.01），领地氛围与创意产生（r = − 0.137，p < 0.01）和创意实施（r = − 0.174，p < 0.01）显著负相关，创意产生与创意实施显著正相关（r = 0.613，p < 0.01）。本研究认为，各个变量间的相关系数绝对值在 0.8 以下，整体上符合研究假设，可以初步判定变量间不存在多重共线性问题。然而，相关分析只能说明各个变量间是否存在关联性，并不能揭示变量间的影响关系及其程度，此阶段的分析为进一步验证假设奠定了基础。

4.2.6.5 假设检验

（1）主效应检验。由表 4.12 中模型 2 和模型 3 对比以及模型 5 和模型 6 可知，ΔR^2 的显著增加（$\Delta R^2_{IG} = 0.119$，p < 0.01；$\Delta R^2_{IP} = 0.183$，p < 0.01），说明标记行为与防卫行为的组合与创意产生和创意实施间具有非线性关系。通过多项式回归和响应面分析结果，响应面沿着不一致性线的曲率（$b_3 - b_4 + b_5$）显著且为负值（IG 曲率 = − 0.263，p < 0.01；IP 曲率 = − 0.296，p < 0.01）。投射到响应面上的不一致性线是条倒 U 形曲线，这表明当标记行为和防卫行为强度一致时，更加有助于创意产生和创意实施。因此，本研究假设 H1 和假设 H2 得到支持。响应面沿着一致性线的斜率（$b_1 + b_2$）显著为正值（IG 斜率 = 0.335，p < 0.01；IP 斜率 = 0.327，p < 0.01），曲率不显著（IG 曲率 = − 0.203，ns；IP 曲率 = − 0.248，ns），说明高标记高防卫行为的组合，相对于低标记低防卫行为组合，更有利于促进创意产生和创意实施，假设 H3 和假设 H4 得到验证。

响应面沿着不一致性线的斜率（$b_1 - b_2$）显著为正值（斜率 = 0.283，p < 0.05）。不一致性线左侧（X 低 − Y 高）的创意产生要低于右侧（X 高 − Y 低），这表明当标记行为和防卫行为强度不一致时，相比于低标记高防卫行为，高标记低防卫行为更加有易于创意产生。因此，本研究假设 H5 得到支持。响应面沿着不一致性线的斜率（$b_1 - b_2$）不显著为正值（斜率 = 0.269，ns）。

表 4.11

各变量的均值、标准差和相关系数

变量	平均值	标准差	性别	年龄	工作类型	工作职位	标记行为	防卫行为	团队领地氛围	创意产生	创意实施
性别	1.49	0.53	1								
年龄	28.47	5.98	-0.107	1							
工作类型	2.54	1.06	0.138	0.109	1						
工作职位	1.56	0.66	0.091	0.054*	-0.171*	1					
标记行为	2.75	0.71	0.127	-0.146	0.111	0.053**	1				
防卫行为	2.16	0.65	0.116	-0.112	0.036	-0.051*	0.183**	1			
团队领地氛围	2.58	0.63	0.042	0.052	0.084	-0.091*	-0.069*	0.499**	1		
创意产生	3.21	0.57	0.035	-0.131	0.052	-0.085	0.539**	0.034**	-0.137*	1	
创意实施	2.23	0.66	0.072	0.033	0.005	0.076	0.416**	0.054**	-0.174*	0.613**	1

注: * 表示 $p < 0.05$、** 表示 $p < 0.01$。

表 4. 12   多元回归和响应面分析

变量		创意产生 (IG)			创意实施 (IP)			
		模型 1	模型 2	模型 3	模型 4	模型 5	模型 6	模型 7
控制变量	性别	0.017	0.014	0.008	0.062	0.051	0.044	0.034
	年龄	−0.084	−0.058	−0.051	0.027	0.021	0.014	0.011
	工作类型	0.007	0.005	−0.012	0.011	0.003	−0.015	−0.014
	工作职位	0.069	0.053	0.047	0.071	0.065	0.041	0.043
	常数	1.065	1.834	1.836	1.738	1.818	1.924	1.937
多项式系数	b_1 标记行为 (X)		0.403	0.309 **		0.183	0.298 **	0.302 **
	b_2 防卫行为 (Y)		0.037	0.026 *		0.026	0.029 *	0.017 *
	b_3 标记行为的平方 (X^2)			−0.117 **			−0.140 *	−0.116 *
	b_4 标记行为 × 防卫行为 ($X \times Y$)			0.030 **			0.024 **	0.008 **
	b_5 防卫行为的平方 (Y^2)			−0.116			−0.132	−0.117
中介变量	创意产生							0.299
	R^2	0.112	0.261	0.367	0.101	0.192	0.316	0.424
	ΔR^2	0.112 **	0.149 **	0.106 **	0.101 **	0.091 **	0.124 **	0.108 **
响应面分析	一致性线：斜率 ($b_1 + b_2$)			0.335 **			0.327 **	
	一致性线：曲率 ($b_3 + b_4 + b_5$)			−0.203			−0.248	
	不一致性线：斜率 ($b_1 - b_2$)			0.283 *			0.269	
	不一致性线：曲率 ($b_3 - b_4 + b_5$)			−0.263 **			−0.296 **	
	R^2	0.015	0.049 **	0.168 **	0.006	0.017 **	0.200 **	
	ΔR^2	0.015 **	0.034 **	0.119 **	0.006 **	0.011 **	0.183 **	
	ΔF	0.467	4.512	8.110	0.633	5.382	9.842	

注： * 表示 $p < 0.05$、** 表示 $p < 0.01$。

表明当标记行为和防卫行为强度不一致时，低标记高防卫行为和高标记低防卫行为对创意实施并没有显著差异。因此，本研究假设 H6 没有得到支持。进一步地，图 4.6 和图 4.7 更加清晰地描述响应面变化情况。

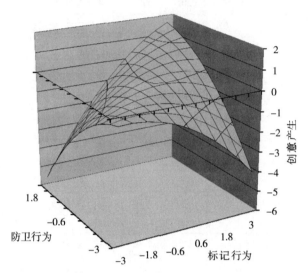

图 4.6　标记行为和防卫行为一致性/不一致性对创意产生的影响

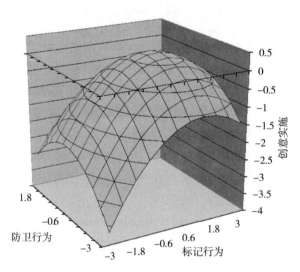

图 4.7　标记行为和防卫行为一致性/不一致性对创意实施的影响

（2）中介效应检验。根据温忠麟等（2014）提出的中介效应检验法构造模型 6 和模型 7。其中，模型 6 主要用于检验与知识领地有关的一次项、二次项以及交互项对创意实施的影响，模型 7 在模型 6 的基础上加入了创意产生，以检验创意产生的中介效应。结果表明，创意产生对创新实施的正向影响显著，且与知识领地相关的一次项、交互项影响显著，这一结果初步验证了创意产生的中介作用。如表 4.12 所示，为进一步检验中介效应的大小，依据爱德华兹和凯布尔（Edwards and Cable，2009）提出的检验方法，将标记行为与防卫行为进行组合以构造组变量，运用 Mplus 7.4 对创意产生的中介作用进行检验，结果表明创意产生的间接作用为 0.299，在 95% 置信区间为 [0.196，0.467]，不包含 0，说明创意产生对领地行为的组合构型与创意实施的中介效应显著。假设 H7 得到支持。

（3）调节效应检验。表 4.13 所示模型 9 中统计量 F-statistic 显著（ΔF = 3.302，$p < 0.01$），表明领地氛围的调节效应存在。

表 4.13　　　　　　　　　　团队领地氛围的调节效应检验

变量		创意产生			
		模型 8		模型 9	
		系数	标准误	系数	标准误
控制变量	性别	0.033	0.012	0.021	0.007
	年龄	−0.096	0.027	−0.073	0.018
	工作类型	0.005	0.027	0.007	0.027
	工作职位	0.036	0.043	0.028	0.043
	常数	1.842	0.11	1.833	0.111
自变量	标记行为	0.310 **	0.036	0.299 *	0.040
	防卫行为	−0.007 *	0.032	0.009 *	0.040
	标记行为的平方	−0.034 **	0.021	−0.019 **	0.023
	标记行为×防卫行为	−0.012 *	0.029	0.013 *	0.039
	防卫行为的平方	−0.008 *	0.021	−0.001	0.028
调节变量	团队领地氛围			−0.018	0.047
	标记行为×团队领地氛围			−0.032	0.041

续表

变量		创意产生			
		模型8		模型9	
		系数	标准误	系数	标准误
调节变量	防卫行为×团队领地氛围			−0.010	0.041
	标记行为的平方×团队领地氛围			−0.029	0.023
	标记行为×防卫行为×团队领地氛围			−0.004 **	0.031
	防卫行为的平方×团队领地氛围			0.002	0.025
R²		0.317 **		0.343 **	
ΔF		13.445 **		3.302 **	

注：* 表示 p<0.05、** 表示 p<0.01。

由表 4.14 所示，高领地氛围下，响应面斜率不显著（斜率 = 0.215，95% 置信区间 [−0.032，0.274]），在低领地氛围，响应面斜率显著（斜率 = 0.198，95% 置信区间 [0.027，0.381]）。这说明标记行为和防卫行为组合的非对称性效应在高领地氛围下不存在，在低领地氛围下存在。

表 4.14　　　　　　　　　　响应面斜率和曲率的检验结果

创意产生	团队领地氛围	响应面斜率		响应面曲率	
		斜率	95%置信区间	曲率	95%置信区间
M1	低	0.198	[0.027，0.381]	0.063	[0.113，0.471]
M2	高	0.215	[−0.032，0.274]	0.054	[−0.926，0.191]

在高领地氛围下，响应面曲率不显著（曲率 = 0.054，95% 置信区间 [−0.926，0.191]），这说明在高领地氛围下，标记行为和防卫行为的一致性组合和不一致性组合对于创意产生的显著提升没有明显差异。在低领地氛围下，响应面曲率显著（曲率 = 0.063，95% 置信区间 [0.113，0.471]），这说明在低领地氛围下，标记行为和防卫行为的一致性组合相对于二者的不一致组合更有易于创意产生。综上所述，领地氛围对领地行为的组合构型与创意产生间关系起到调节作用，低领地氛围下调节作用更为显著，假设 H8

得到支持。

4.2.7 研究结论

基于社会交换关系的视角，子研究一考察领地行为的组合构型对创新过程的影响，并探讨领地氛围的调节效应，研究假设的验证情况如表 4.15 所示。

表 4.15   研究假设的验证情况

研究假设	验证情况
H1：标记行为和防卫行为强度一致时，有助于创意产生	支持验证
H2：标记行为和防卫行为强度一致时，有助于创意实施	支持验证
H3：当标记行为和防卫行为强度一致时，相比低标记低防卫行为，高标记高防卫行为的领地组合更容易促进创意产生	支持验证
H4：当标记行为和防卫行为强度一致时，相比低标记低防卫行为，高标记高防卫行为的领地组合更容易促进创意实施	支持验证
H5：当标记行为和防卫行为强度不一致时，相比低标记高防卫行为，高标记低防卫行为的领地组合更容易促进创意产生	支持验证
H6：当标记行为和防卫行为强度不一致时，相比低标记高防卫行为，高标记低防卫行为的领地组合更容易促进创意实施	不支持验证
H7：创意产生在知识领地组合与创意实施之间起到中介作用	支持验证
H8：团队领地氛围调节知识领地组合与创意产生之间的关系，相对于高领地氛围，低领地氛围易于促进创意产生	支持验证

研究结果显示：

（1）知识领地中标记行为和防卫行为强度的一致性程度越高，越有利于创意产生和创意实施，支持假设 H1 和假设 H2。进一步而言，相比低标记低防卫行为，高标记高防卫的知识领地行为的预测效果更好，支持假设 H3 和假设 H4。这一研究结论与社会交换理论的互惠原则是一致的，员工会考虑到知识交换的收益与成本（Cropanzano and Mitchell，2005；彭贺，2012）。从组织中获取的创新支持和认可，超过排他性知识的收益时，更加愿意打破个体间的领地边界，实现团队内或组织的知识共享。

（2）领地行为不一致性对创意产生和创意实施的作用机制有所差异。相比低标记高防卫行为，高标记低防卫行为更有利于激发创意产生，支持假设H5。而无论是高标记低防卫行为还是高标记低防卫行为对创意实施没有显著差异，假设 H6 没有得到支持。其原因可能是，从创意产生到创意实施是一个复杂的行为过程，创意的成功实施既需要高质量的创意，还需要其他成员以及组织的支持等。

（3）创意产生在领地行为的组合与创意实施的关系中起到了中介作用，假设 H7 得到支持。研究表明，无论领地行为一致性还是不一致性，创意产生均在领地行为的组合与创意实施的关系中起到了中介作用，强调了创意产生的重要性。在实施创意的过程中，个体需要建设性的反馈意见以改善创意质量，在人际间反馈互动的过程中获得他人的支持与认可。这一研究结论符合创新过程的理论研究（West，2002；Baer，2012；Škerlavaj et al.，2014），个体拥有创造力并不意味着就一定能够被成功实施，需要组织相关资源的支持。

（4）领地氛围调节了领地行为的组合与创意产生间的关系，在较低领地氛围的组织中，领地组合的一致性比不一致性更加有利于创意产生，假设 H8得到支持。研究结论尽管没有显示高的领地氛围会增强领地行为组合对创意产生的正面影响，但这与布朗（Brown et al.，2005；Brown and Baer，2015）提出的通过强化群里领地行为减弱个体领地行为的提议也不矛盾，需要平衡个体与组织中的领地性与领地行为。

4.3 子研究二：知识领地对创意实施的传导路径：多层面组态视角

4.3.1 引言

在分析多要素如何协同时，如何考虑这些要素的层次性是一个重要议题。

组态理论则认为层次是一种条件属性，不需要像传统多层次方法那样将低层次的变量唯一嵌套在高层次中，这使得跨层次分析可以延伸到开展非嵌套或者多重嵌套关系的研究，例如，某一组织可以同时隶属多个高层次变量，因此在组态视角和定性比较分析（qualitative comparative analysis，QCA）中，可以通过探究耦合或生态的多层次多要素的前因组合与结果集合之间是否存在充分性关系，来分析多层并发因果（杜运周和贾良定，2017）。多要素理论都隐含着因果复杂性假设，认为多要素共同决定结果。

因此，为进一步厘清知识领地与创意实施的传导路径，本研究将在实证研究的基础上通过定性比较分析方法对触发创意实施的前因进行构型分析。

4.3.2　理论模型构建

4.3.2.1　知识领地与创意实施

关于知识领地对创意实施的直接效应的研究相对甚少。就个体层面而言，个体的知识领地包括标记行为和防卫行为。个体的领地性越高，越会将知识视为排他性资源，通过建构、宣示、维系和重铸其知识领地控制权（李鲜苗和徐振亭，2017），加以保护和利用。同时知识创新过程中存在较高的不确定性，出于自我保护，其易产生风险规避，即减少冒险和创新行为，因此，个体的知识标记行为和防卫行为对获取新知识和创新机会也是不利的。

刘军等（2016）将团队知识领地区分为对内领地行为和对外领地行为。对内领地行为不利于团队成员之间知识或信息的交换，如果员工表现出过多的领地行为，会降低团队成员的团队认同感，团队凝聚力下降会减弱团队成员之间的合作、知识分享以及组织公民行为（Vegt and Oosterhof，2003），不利于团队创意执行。对外知识领地是团队成员对有价值的知识所有权的主张，其行为指向为团队外的个体、团队、群体。当团队内部个体感知对外领地行为较多时，其会产生较强烈的团队专属意识，形成团队之间的角色、任务等"界限"分明，而且也会产生强烈群体行为的感知，维护自己团队的领地，进而影响团队成员的知识所有权感知，体会到"这是我们的，而且不是你或你们的"这种权力主张。在高团队领地氛围下，团队员工既能通过展现自己的知识、经验或创意给其他成员与管理者，实现互动交流与反馈，又能适当地保护自己的知识和技能不被盗用，管理者也会为避免知识产权等纠纷进行监管和监督，达到既能维护好个人利益不受损失，同时又可以营造共享知识与组织创新氛围，推进较高质量的个体创意生成和实施。因此，团队的对内领地行为和对外领地行为影响个体创意实施和团队创意实施。

4.3.2.2 创意产生与创意实施

正如在第2.2章节中，创意实施的相关研究所述，创新是产生某一新颖、有用的想法并把之转换成相应产品、服务或流程的一个多阶段过程。创意产生是创新的最初阶段，创意实施包括了方案评估和选择、执行方案等环节，被认为是创新的第二阶段，是至关重要的一个阶段（Škerlavaj et al.，2014）。个体创新以个体认识问题和产生想法开始，在寻求组织资助后，将创新加以实施，使其成为一项新的模型，最后通过经济的组织化处理推出商品化的产品或服务。成功的创新不仅来自组织内部的创意，还需要组织关键性资源的支持（例如，创新资源、领导支持等），个体拥有创造力不一定能达成创新（Kanter，1988；Huo et al.，2017）。尽管创意实施依赖于最初提出的创意的质量，在创意实施的过程中遇到意外问题时也需要提出改善创意，但创意产生主要发生在创新过程的早期，创意实施则主要在创新的后期阶段（李艳和杨百寅，2016）。

研究表明，创意实施是建议的数量与个体知觉的团队或组织因素交互作用的函数（Axtell et al.，2000）。团队创新氛围调节团队创意与团队创意实施的关系，当团队的创新氛围高时，团队创意有助于创意实施，才会成为真正意义上的创新（Somech and Drach-Zahavy，2013）。

4.3.2.3 团队信息交换与团队信任

员工所处的环境特征是促使其产生某种行为的重要因素，组织整体氛围决定了组织内部成员创新活动的出现或抑制。团队中存在社会交互作用，团队认同感和信任度越高，越能增强员工的凝聚力和团队精神，有助于团队成员加强信息和知识的交流与完善（Colquitt et al.，2007；Chen and Huang，2007；Brewer，2008）。当员工感受到团队或组织为其创意构想或创新活动实施提供了创新的机会以及充分的支持时，则更加容易展现出创新行为（王辉和常阳，2017；杨仕元等，2018）。

依据社会资源交换理论，高质量的互动交流，所缔结的互惠关系或其他类的情感关系就越强，成员更加易于获得更多的创新资源和较高的信任。较高的团队信任易于营造一种想法和信息共享、相互帮助和支持的氛围（Aubert and Kelsey, 2003；Binnewies et al., 2007；Costa and Anderson, 2011；Li et al., 2020；Xu and Li, 2021），对参与创造活动的员工而言，这种氛围可以提供更为宽泛的知识库和高质量的信息。员工可以将其各种方案向其领导或同事交流和讨论，不担心受到嘲弄或被利用，降低了防御心理，从而提高可选择方案的质量。因此，团队信息交换和团队信任会影响个体和团队的创意实施。

综上所述，本研究基于定性比较分析方法，从个体和团队层面，选取知识领地、团队信任、团队信息交换、创意产生，探究创意实施的组态研究模型，如图 4.8 所示。

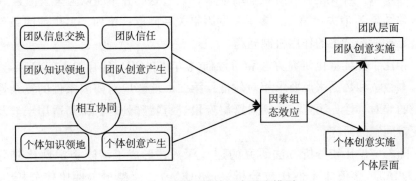

图 4.8　创意实施的组态研究模型

4.3.3　研究方法

定性研究方法和定量研究方法都可以进行因果关系的诠释，但是两者的研究重点不同。研究者在使用量化研究方法时，所关注的通常是自变量在多大程度上影响着因变量；而在使用定性研究方法时，所探究的是自变量是如何影响因变量的，两者之间的作用过程或关系是如何产生的。在定性研究中，研究者无法做到客观，定量方法虽然能较为容易地证实变量之间的因果关系，但很难排除其他解释性前因条件的存在，从而导致研究逻辑过于"拘束"。

采用定性比较分析可以调和定性研究与量化研究的特点，通过一定数量的案例之间的比较，找到集合间的普遍性隶属关系，其研究结论相比传统定性研究效度较高。正因为知识领地的正负面效应，对创意实施存在非对称关系，可以有多条路径选择，定性比较分析旨在呈现多路径关系。

定性比较分析基于集合思想和组态思维，是一种案例导向型的研究方法。该方法致力于解决"多重复杂并发因果"诱致的复杂社会议题，关注多个原因条件与特定结果之间的复杂因果关系，旨在找到导致特定结果的多种条件组合（杜运周，2019）。这种思路下，产生同一结果的方案（路径）是多样和等效的，不存在唯一的最佳战略。

定性比较分析方法适用于解决如下类型的问题：第一，引致同一结果的多种路径问题，如前因组合 $A \times B \times C$ 和 $D \times E \times F$ 都可以导致结果 X 出现（$A \times B \times C + D \times E \times F = X$）；第二，因果非对称性问题，如前因组合中包括单一因素 A，当 A 的存在导致了结果 X 出现，这时并不能认为失去因素 A 就会导致结果 X 消失；第三，多重并发因果关系问题；第四，多个前因条件影响特定被解释结果的作用机制问题。

相比于传统量化研究方法和质性研究方法，QCA 具有如下优势：第一，对样本数量和数据来源要求相对较低；第二，能够应对前因条件的复杂性和因果的非对称性；第三，无须对跨层变量进行特殊处理，特别适用于涉及多层变量问题的研究。

随着定性比较分析方法研究的逐步深入，形成了清晰集定性比较分析（cs/QCA）、多值集定性比较分析（mv/QCA）、模糊集定性比较分析（fs/QCA）等多种具体的分析方法。其中，fs/QCA 引入模糊集概念，通过整合模糊集与真值表，使得研究中对案例条件和结果的分类不再局限于简单的二元划分，极大地拓展了定性比较分析的应用范围及其适用性，能够更为精确地界定研究案例在各集合中的属性。

本研究旨在个体与团队中的知识领地视角，探讨个体与团队创意实施的各种组合。创意实施的影响组态是一个复杂的作用过程，受组织层面和个体层面等多重因素的影响，各因素间并不是相互孤立的。传统实证研究具有两点局限性，一是需要有足够多的样本数量，二是只能检验单个变量对结果变量的线性影响，无法发现其中存在的交互影响作用。本研究中个体知识领地行为、团队领地行为、个体创新过程、团队创新过程以及团队信息交换实质为非线性的非对称关系。因此，本研究以定性比较分析方法为研究工具，探究不同层面的知识领地、创意产生、团队信息交换对个体创意实施和团队创意实施的影响组态。

4.3.4 研究测量与样本

本研究采用研究一进行的三次调研数据，涉及的主要变量有个体知识领地、团队知识领地、个体创意产生、团队创意产生、团队信息交换、团队信任、个体创意实施和团队创意实施。需要补充说明的是，由于部分题项最初是英文的，按照翻译和回译的程序，将英文题项翻译为中文，再将题项回译成英文，通过对比从而确保了问卷翻译的准确性。

4.3.4.1 个体知识领地

同样，与研究一保持一致。借鉴布朗等（Brown et al.，2015）和埃维等（Avey et al.，2009a）的量表基础上，进行了调整，其中标记行为有 8 个题项，防卫行为有 7 个题项。例如："我会展示获得的奖状、文凭、职称，作为分享知识的一种途径""当我的知识被大家认可和尊重时，我倾向于分享经验、技能""在团队中，有必要保护自己的知识和技术免得他人盗用""当我发现我的技术和知识被盗用时，我会对盗用者不信任"等。该量表的 Cronbach's α 系数分别为 0.787 和 0.823。

4.3.4.2 团队知识领地

借鉴刘军等（2016）针对中国情境下开发的 4 个题项量表。测量题项包括"我们会有意无意跟其他团队/部门之间划清界限""对待来自其他团队/部门的同事，我们高度戒备" "别的团队/部门的事，我们能不管就不管""如果上级要求我们团队/部门和其他部门合作，我们尽可能敷衍了事"等。该量表的 Cronbach's α 系数分别为 0.775 和 0.789，具有良好的信度。

4.3.4.3 个体创意产生

借鉴吴和卢西亚内蒂（Ng and Lucianetti，2015）在前人研究的基础上对量表的改编，有 3 个题项，例如，"提出了与现有产品/服务存在着明显差异的想法""提出了突破性的想法"等。该量表的 Cronbach's α 系数为 0.801。

4.3.4.4　个体创意实施

借鉴贝尔（Baer，2012）开发的 3 个题项，例如，"该员工的创意已经转化成有用的产品或流程""该员工的创意已经得到认可并予以实施""该员工的创意已经在市场上取得成功或在组织内成功实施了"。该量表的 Cronbach's α 系数为 0.771。

4.3.4.5　团队创意产生

借鉴茜恩和周（Shin and Zhou，2007）开发的 3 个题项，主管评定创意产生情况，例如，"团队提出了与现有产品/服务存在着明显差异的想法""团队提出了突破性的想法"等。该量表的 Cronbach's α 系数为 0.8791。

4.3.4.6　团队创意实施

借鉴茜恩和周（Shin and Zhou，2007）开发的 3 个题项，主管评定创意执行情况，例如，"团队的创意得到进一步发展""团队的创意转化成有用的产品、流程等""团队的创意已经在市场上取得成功或在组织内成功实施了"。该量表的 Cronbach's α 系数为 0.881。

4.3.4.7　团队信任

借鉴采用德容和埃尔弗林（Jong and Elfring，2010）开发的共 5 个题项，例如，"在工作中遇到困难时，我相信我都能得到同事的协助""我相信大部分的团队成员在工作上能言行一致"等。该量表的 Cronbach's α 系数为 0.794。

4.3.4.8　团队信息交换

借鉴采用苏布拉马尼亚姆和扬特（Subramaniam and Youndt，2005）等开发的共 5 个题项，例如，"我与部门同事交流信息，并向他们学习""我与公司内不同部门的人交往，并交流看法""我与同事们合作（交流信息与知识）来分析和解决问题""我从公司一个部门学到知识和经验，并将它们应用到本部门出现的问题和机遇上"。该量表的 Cronbach's α 系数为 0.735。

上述量表的信度系数均高于统计学建议标准，即 $\alpha > 0.6$，表明上述量表具有较高的测量信度。同样，定性比较分析需要在个体和团队层次控制某些人口统计学变量。例如，将员工性别、工龄与学历等作为个体层面的控制变量（霍伟伟等，2018；West，2002）；团队规模与团队成立时间作为团队层面的控制变量。

4.3.5 数据处理与结果分析

4.3.5.1 信度与效度分析

本研究采用 SPSS 24.0 和 AMOS 24.0 对量表进行信度和效度分析。首先，使用 SPSS 24.0 进行信度分析，以 Cronbach's α（CR）系数来检验变量的信度，各变量信度均大于 0.6，即表明本研究量表具有较好的信度。接着，由于本研究变量的测量来自成熟的量表，因此使用 AMOS 24.0 进行验证性因子分析检验量表的效度，结果显示模型拟合优度比较高，因子负载均在 0.50 以上，χ^2/df、CR、AVE 等拟合指标都在可接受的范围内，表明研究各变量具有良好的效度，如表 4.16 所示。

表 4.16　　　　　　　　　　　验证性因子分析

指标	CR	AVE	χ^2/df	CFI	NFI	RMSEA
标记行为	0.787	0.581	1.241	0.914	0.967	0.041
防卫行为	0.823	0.609	1.122	0.923	0.945	0.034
对外领地	0.775	0.611	2.045	0.897	0.899	0.051
对内领地	0.789	0.589	1.983	0.875	0.877	0.023
团队信任	0.794	0.554	1.566	0.854	0.881	0.020
团队信息交换	0.735	0.546	1.727	0.911	0.949	0.031
个体创意产生	0.801	0.629	2.165	0.856	0.869	0.057
个体创意实施	0.771	0.618	2.143	0.877	0.920	0.062
团队创意产生	0.881	0.538	1.945	0.917	0.941	0.045
团队创意实施	0.879	0.627	1.675	0.924	0.932	0.038

4.3.5.2 数据校准

为了满足 fs/QCA 的布尔逻辑要求，在进行实证分析之前，需要将前因条件要素与结果要素转化成模糊集，即进行数据校准。未经校准的原始数据只能反映案例数据在具体数值上的差异，无法反映各案例在集合中的相对位置。需要说明的是，在对原始数据进行校准之前，必须确定各要素的校准阈值。从已有研究来看，进行模糊集定性比较分析可以采用"三值模糊集校准法"（"完全隶属点 1""交叉隶属点 0.5""完全不隶属点 0"三个临界点）和"四值模糊集校准法"（"完全隶属点 1""偏隶属点 0.67""偏不隶属点 0.33""完全不隶属点 0"四个临界点）确定校准阈值。基于本研究的问题特点，运用 fs/QCA 3.0 软件 "Calibrate" 功能，混合运用上述两种校准方法进行阈值确定和数据校准。

4.3.5.3 必要条件分析

在进行定性比较分析之前，本研究首先对个体创意实施和团队创意实施各前因变量对结果变量的必要性进行分析，"～"表示"非"，诸如，～个体创意实施表示非个体创意实施。从表 4.17 和表 4.18 研究数据来看，各单项前因变量对结果的一致性均未超过 0.9，不构成必要条件，因此将这些条件纳入组态分析的条件范围。

表 4.17　　　　　　　　　个体创意实施必要性检验

变量	个体创意实施		～个体创意实施	
	一致性	覆盖率	一致性	覆盖率
标记行为	0.711	0.813	0.557	0.550
～标记行为	0.607	0.613	0.811	0.708
防卫行为	0.677	0.670	0.704	0.629
～防卫行为	0.641	0.715	0.664	0.640
对外领地	0.592	0.631	0.731	0.672
～对外领地	0.692	0.749	0.599	0.559

续表

变量	个体创意实施		~个体创意实施	
	一致性	覆盖率	一致性	覆盖率
对内领地	0.663	0.675	0.713	0.628
~对内领地	0.634	0.719	0.631	0.618
团队信任	0.728	0.788	0.607	0.568
~团队信任	0.601	0.639	0.774	0.711
团队信息交换	0.715	0.736	0.517	0.563
~团队信息交换	0.592	0.611	0.741	0.675
个体创意产生	0.789	0.844	0.580	0.536
~个体创意产生	0.567	0.610	0.832	0.773
团队创意产生	0.682	0.838	0.532	0.566
~团队创意产生	0.647	0.616	0.848	0.697

注:"~"表示"非"。

表 4.18　　　　　　　　　　**团队创意实施必要性检验**

变量	团队创意实施		~团队创意实施	
	一致性	覆盖率	一致性	覆盖率
标记行为	0.780	0.703	0.533	0.657
~标记行为	0.617	0.491	0.762	0.829
防卫行为	0.729	0.592	0.668	0.743
~防卫行为	0.679	0.597	0.637	0.764
对外领地	0.643	0.540	0.677	0.776
~对外领地	0.729	0.621	0.601	0.699
对内领地	0.695	0.557	0.689	0.755
~对内领地	0.670	0.615	0.598	0.729
团队信任	0.830	0.708	0.550	0.641
~团队信任	0.574	0.481	0.752	0.862
团队信息交换	0.715	0.628	0.513	0.620
~团队信息交换	0.522	0.329	0.711	0.791

续表

变量	团队创意实施		~团队创意实施	
	一致性	覆盖率	一致性	覆盖率
个体创意产生	0.845	0.712	0.581	0.669
~个体创意产生	0.604	0.512	0.753	0.872
团队创意产生	0.801	0.775	0.503	0.666
~团队创意产生	0.655	0.491	0.834	0.856
个体创意实施	0.840	0.661	0.621	0.668
~个体创意实施	0.573	0.522	0.687	0.856

注:"~"表示"非"。

4.3.5.4　个体创意实施组态结果

通过以上对各个前因要素的必要性进行检验,发现单个前因条件对个体创意实施的影响解释力较弱。因此,进一步将各要素条件纳入 fs/QCA,分析个体创意实施的构成要素,区分影响其是结果的核心条件和边缘条件。遵循原始一致性大于 0.8,PRI 大于 0.7 的原则,得出个体创意实施组态的内涵要素,结果如表 4.19 所示。

表4.19　　　　　　　　　个体创意实施的条件构型

构型	个体创意实施				
	S1a	S1b	S1c	S2a	S2b
标记行为	●	●	●	•	⊗
防卫行为			⊗	⊗	⊗
对外领地	⊗		⊗	⊗	⊗
对内领地		•	⊗		⊗
团队信任	•	•		●	●
团队信息交换		•		•	
个体创意产生	●	●	●	●	●
团队创意产生	•		•		⊗

续表

构型	个体创意实施				
	S1a	S1b	S1c	S2a	S2b
原始覆盖率	0.410	0.356	0.297	0.272	0.252
净覆盖率	0.044	0.061	0.016	0.018	0.048
一致性	0.964	0.940	0.961	0.950	0.954
总体覆盖率	0.572				
总体一致性	0.941				

注：●表示条件存在且为核心条件；·表示条件存在且为辅助条件；⊗表示条件存在且为核心条件；⊗表示条件存在且为辅助条件；空白表示条件存在与否不影响结果。

将具有相同核心条件的前因构型进行归类，从而将它们归纳为以下两种构型的个体创意实施触发模式。

（1）构型一：这一构型包括三个子模式（S1a、S1b 和 S1c），核心条件是高标记行为和高个体创意产生，相同辅助条件是高团队创意产生。

在第一子模式中，辅助条件还包括低对外领地和高团队信任，其构型为"标记行为·～对外领地·团队信任·个体创意产生·团队创意产生"。因此，个体的知识领地行为，标记行为和防卫行为并非总是同时对个体创意实施产生影响。在第二子模式中，辅助条件还包括高对内领地、高团队信任和高团队信息交换，其构型为"标记行为·对内领地·团队信任·团队信息交换·个体创意产生·团队创意产生"。团队信任和团队信息交换在此模式中，起到了辅助作用，正如，员工所处的环境特征是促使其产生某种行为的重要因素，团队或组织氛围决定了内部成员创新活动的出现或抑制。此外，通过良好的人际互动，组织认同感和信任度越高，越能增强员工的凝聚力和团队精神。当员工感受到组织或领导能够为其创意构想或创新活动给予认可与支持时，则更加容易激发团队成员的创新行为（王辉和常阳，2017；杨仕元等，2018）。在第三子模式中，辅助条件还包括低防卫行为、低对内领地和低对外领地，其构型为"标记行为·～防卫行为·～对外领地·～对内领地·个体创意产生·团队创意产生"。在团队中，面临低防卫行为，以及低团队领地行为时，高标记行为，个体以及团队有高创造力会致使个体创意实施。

由于 fs/QCA 软件默认寻求最大的覆盖率，可能导致放大细微的差异并形成相似但不同的构型（张明和杜运周，2019）。虽然上述三种子模式的前因条件构型不同，但两者均来自同一优化解。进一步分析发现，第二子模式的覆盖率大于其他两类触发模式，表明第二子模式的解释力要大于其他两类触发模式的解释力。

（2）构型二：这一构型包括两个子模式（S2a 和 S2b），核心条件是低防卫行为、低对外领地、高团队信任和高个体创意产生。

在第一子模式中，辅助条件为高标记行为高团队信息交换，构型为"标记行为·～防卫行为·～对外领地·团队信任·个体创意产生"。在第二子模式中，辅助条件为低标记行为、低对内领地和低创意产生，构型为"～标记行为·～防卫行为·～对外领地·～对内领地·团队信任·个体创意产生·团队创意产生"。

同样，上述两种子模式的前因条件构型不同，但两者均来自同一优化解。S2b 大于 S2a 触发模式，S2b 的解释力会更好。在构型二中，个体和团队领地行为的影响因素增强，呈现低防卫行为和低对外领地，团队信任成为核心条件。对参与创造活动的员工而言，信任氛围可以提供更为宽泛的知识库和高质量的信息。员工可以将其各种方案向其领导或同事交流和讨论，不担心受到嘲弄或被利用，降低了防御心理，从而提高可选择方案的质量和创意产生，易于实现个体创意。整体而言，个体创意实施的两类构型中，S1a 模式的解释力更好。

4.3.5.5 团队创意实施的组态结果

同样，通过对各个前因要素的必要性进行检验，发现单个前因条件对团队创意实施的影响解释力较弱，进一步将各要素条件纳入 fs/QCA，分析团队创意实施的构成要素，区分影响其是结果的核心条件和边缘条件。遵循原始一致性大于 0.8，PRI 大于 0.7 的原则，得出团队创意实施组态的内涵要素，结果如表 4.20 所示。

将具有相同核心条件的前因构型进行归类，从而将它们归纳为以下三种构型的团队创意实施触发模式。

（1）构型一：这一构型包括两个子模式（S3a 和 S3b），核心条件是高标记行为、高个体创意产生，相同的辅助条件为高团队信任、高团队创意产生和高个体创意实施。

表 4.20　　　　　　　　　　　　团队创意实施的条件路径

路径	团队创意实施			
	S3a	S3b	S4	S5
标记行为	●	●	●	⊗
防卫行为	•	⊗	⊗	●
对外领地	⊗	•	•	•
对内领地	⊗	•	⊗	•
团队信任	•	•		⊗
团队信息交换	•		•	
个体创意产生	●	●		●
团队创意产生			●	●
个体创意实施	•	•	●	•
原始覆盖率	0.431	0.405	0.429	0.212
净覆盖率	0.032	0.030	0.036	0.024
一致性	0.867	0.896	0.894	0.857
总体覆盖率	0.562			
总体一致性	0.912			

注：●表示条件存在且为核心条件；•表示条件存在且为辅助条件；⊗表示条件存在为辅助条件；空白表示条件存在与否不影响结果。

在第一子模式中，辅助条件还包括高防卫行为、低对外领地、低对内领地和高团队信息交换，构型为"标记行为·防卫行为·～对外领地·～对内领地·团队信任·团队信息交换·个体创意产生·团队创意产生·个体创意实施"。在第二子模式中，辅助条件还包括低防卫行为、高对内领地、高对外领地和高团队信任，构型为"标记行为·～防卫行为·对外领地·对内领地·团队信任·个体创意产生·团队创意产生·个体创意实施"。上述两种子模式的前因条件构型不同，两者均来自同一优化解，解释力差异不大。

（2）构型二：这一构型模式（S4），核心条件是高标记行为和高个体创意实施。辅助条件为低防卫行为、高对外领地、低对内领地、高团队信息交换、高个体创意产生和高团队创意产生，构型为"标记行为·～防卫行为·对外领地·～对内领地·团队信息交换·个体创意产生·团队创意产生·个体创意实施"。这一模式中，高个体创意实施的核心条件突出，三个主要核心条件均是个体层面，高团队信息交换和团队创意产生作为辅助条件影响团队创意实施。团队信息交换有助于团队成员愿意进行更多异质或有用的知识与信息的交换。同时，个体参与创意实施的水平越高，团队创意及其所对应的创意实施水平也越高。个体参与创意实施与团队创意实施的联系，可以看成是通过个体成员之间经过讨论、沟通、共同致力于团队创意的成功实现。

（3）构型三：这一构型模式（S5），核心条件是高防卫行为、高个体创意产生和高团队创意产生。辅助条件为低标记行为、高对外领地、高对内领地、低团队信任和高个体创意实施，构型为"～标记行为·防卫行为·对外领地·对内领地·～团队信任·个体创意产生·团队创意产生·个体创意实施"。这一模式解释力相对较低。

就团队创意实施的三类构型中，S4模式的解释力更好，核心条件是高防卫行为、高个体创意产生和高个体创意实施。

4.3.6　研究结论

子研究二采用定性比较分析方法，探究了触发个体创意实施和团队创意实施的前因构型，综合得出如下结论。

4.3.6.1　个体创意实施和团队创意实施的前因构型有差异

个体创意实施呈现两种主要驱动模式：一类是以高标记行为和高个体创意产生为核心；另一类是以低防卫行为、低对外领地、高团队信任和高个体创意产生为核心。两类构型中，具体化为"标记行为·～对外领地·团队信任·个体创意产生·团队创意产生"模式的解释力更好。个体较低和较高的防卫行为与标记行为均能触发个体创意实施，因此需要考虑前因条件的组合效应。团队对内与对外的领地性的高低也会影响个体创意实施，即便数据显示，作为辅助条件。

团队创意实施呈现三种主要驱动模式：第一类构型是以高防卫行为、高个体创意产生为核心条件。结果显示，两个核心条件对个体创意实施和团队创意实施均有较强的解释力。第二类构型是以高标记行为和高个体创意实施为核心条件。第三类构型是以高防卫行为、高个体创意产生和高团队创意产生为核心条件。以上三类构型中，具体化为"标记行为·～防卫行为·对外领地·～对内领地·团队信息交换·个体创意产生·团队创意产生·个体创意实施"模式的解释力更好。同样，个体较低和较高的防卫行为与标记行为均能触发团队创意实施，作为辅助条件的团队对内与对外的领地性的高低也会影响团队创意实施，因此需要考虑团队创意实施前因条件的组合效应。

4.3.6.2 团队创意实施与个体创意实施有紧密联系

研究结果显示，团队创意实施与个体创意实施中共同核心因素是高防卫行为和高个体创意产生。这也验证了个体参与创意实施的水平越高，团队创意及其所对应的创意实施水平也越高。多层次理论和研究认为个体行为是一个社会系统中最基本的分析单元。个体参与创意实施与团队创意实施的联系，可以看成是通过个体成员之间经过讨论、沟通、共同致力于团队创意的成功实现。团队信任和团队信息交换成为辅助条件。因此，定性比较分析虽然不能解释前因条件之间所有可能存在的因果关系。但是，一定程度上确实证明了子研究一的结论：个体领地行为不一致性对个体创意产生和个体创意实施的作用机制有所差异。本书第 5 章将通过实证研究揭示团队领地性对团队创意实施的影响，以及个体创意实施对团队创意实施的跨层次作用机制。

4.4 本章小结

本章以社会交换理论和领地行为理论为基础，运用多项式回归和响应面分析方法，探讨了知识领地组合构型对创意实施的影响，以及创意产生的中介作用，通过实证分析，假设全部得到了验证；个体创意实施和团队创意实施作为"多重并发因果"诱致的复杂现象，采用定性比较分析方法考察了各因素组合影响效应，发现了触发个体创意实施和团队创意实施的多条等效路径。因此，基于两种研究方法表明，只有综合考虑多种因素的组合效应，才能更好地解释知识领地对创意实施的影响。第 5 章将从团队层面，进一步探究团队领地性对团队创意实施的影响，以及个体创意实施对团队创意实施的跨层次作用机制。

知识领地与创意实施的跨层次
模型的构建与验证

5.1 研 究 目 的

本章立足于团队层面，以社会交换理论为基础，采用跨层次方法，探析团队外部知识领地对创意实施的跨层次传导机制。

研究内容具体为：第一，本研究将团队信息交换作为知识领地影响创意实施的一个关键过程的建议（Gong et al., 2012, 2013），探讨信息交换在团队知识领地和创意实施之间关系在不同层面的中介和调节作用，深入认识团队知识领地对创意实施产生的作用机理。第二，考察团队信任在个体创意实施向团队创意实施转化的中介效应，以此拓展创新过程理论体系的研究内容。第三，探索在中国组织管理情境下团队知识领地对创意实施的影响作用，通过实证支持提供中国本土证据。为个人、团队以及组织在知识管理中，如何进行知识领域的"边界"管理提供建议，也有助于深化对创意实施的规律认知。

5.2 研究的理论基础

随着知识经济和"互联网+"时代的快速发展，知识成为组织保持竞争力的重要资源，亦是创新驱动发展战略的核心要素。知识基础理论认为，创新具有路径依赖性，企业会依据已有知识进行重构、整合与获取新知识，实现新知识或新技术的产生（刘岩等，2019）。知识这种无形的资源，单纯的储存是几乎毫无意义的，个体如果未对外表现出自己具有此类知识，则其核心价值就无法体现，只有个体经过意识层面的反省、启发和学习过程积极处理和表达才是有用的。然而，组织常常要求要形成以团队或组织知识共享的氛围，为存储和获取有价值的知识资源，实现可持续创新的目的，会制定相应的知识产权保护等相应的激励机制或管理制度（Jing et al.，2010；赵健宇等，2015）。如果企业的创新知识或核心知识外泄，企业的竞争优势势必受到削弱。无论是个体、团队或组织的知识领地性，本质上都是对特定知识所有权的心理感知与独占性行为。已有关于知识领地行为的研究主要涉及个体、团队和组织层面，结论呈现了知识领地行为的正负双面效应的不一致，凸显了在研究层面的差异。

创造力是新想法的产生，而创新则是新想法在实践中的应用，即创造力是想出新的东西，而创新就是实施新的东西（West，2002）。创新活动起源于创造力，创造力的成果就是创新。但是创意的产生并不意味着他们可以有效地被实施。创新阶段的不同任务要求，所对应的创新关键性资源也是不一样的（Li et al.，2020）。社会资源理论指出，与创意产生相比，创意实施是工作场所中人际关系的互动过程，需要更多相关资源的支持，要想推进创意实施必须获取到关键的资源支持（霍伟伟等，2018）。就创意实施的研究而言，研究主要是着眼于个体层面，而团队和组织层面的创意实施则缺乏关注。当今组织中大量使用团队工作的形式，团队强调协作和分工，对提高创新具有重要作用（Baiyin et al.，2013；Costa et al.，2017），组织越来越多地依赖团队作战来应对快速变化的市场环境和客户需求（Tsai et al.，2012）。

虽然国内外学者对知识领地行为与创新的相关研究进行了探讨，但仍然存在一定的局限性。首先，针对由创意产生到创意实施的过程性和差异性的研究已受到关注，相比创造力而言，创意实施的研究比较薄弱，在探索创意实施困境的原因、产生机制以及解决措施等不够明确。尽管研究表明，创意本身的新颖性、风险性等特点，团队互依性、任务结构以及关键性资源的支持等都会影响到创意实施（范雪灵等，2020；刘军等，2016；霍伟伟等，2018），但是在团队或群体的知识领地情境下，如何获得关键性资源等问题还需要进一步研究。其次，从知识领地研究视角出发，现有研究缺少领地行为与创意实施相关的实证研究，没有解决厘清个体层面或团队层面的领地行为如何发挥积极效应，没有有效推进创意实施的问题。有学者提出通过团队或群体的领地性，来抑制个体领地行为的负面效应（Brown and Robinson，2007）。但是只是提出管理建议，未进行相应的实证研究，即团队或群体领地性如何影响个体创新行为有待深入探讨，缺少团队领地行为与创意实施之间关系在个体层面和团队层面的异同比较。最后，传统的个体或者团队研究采用单一层次观，无法探索诸如群体情境在团队过程中扮演的角色及其对个体行为产生的重要影响、个体如何与群体情境产生互动等重要问题。在团队协作创新的背景下，个体创意实施能否通过自下而上的方式推进团队创意实施，两者的关系如何等研究问题尚不明确。

随着知识经济和信息时代逐渐成熟，个人难以掌握全面的信息知识和技能，因此需将多个成员组成团队共同完成一项任务。对于组织和团队而言，希望借助人与人之间的合作发挥的综合效应，当然这依赖于团队内与团队间的紧密合作。在团队工作情境中，员工受到个人绩效和团队绩效两种绩效考核体系的影响，员工作为一个独立个体，会为实现自己的绩效目标和满足自我利益诉求表现出特定的自我标记和防卫行为，员工作为团队的一员，个人利益与团队发展休戚相关，团队成员之间知识共享与风险共担，因此，在团队目标驱使下，表现出一致对外的团队标记和防卫行为。前者，我们称之为团队成员内部指向的领地行为，简称为个体领地行为；后者，可称之为团队成员对外的领地行为，简称为团队领地行为。基于具体边界而划分的领地行为更为易懂，也契合实践，也更能方便学界及实践界认识领地行为，进而为不同情境下的领地行为提供管理指导（刘军等，2016）。本书将重点关注团队领地行为。一方面，可以验证团队领地行为是否能有效抑制个体领地行为造成的负面影响；另一方面，对知识领地和创意实施相关的理论研究进行有益补充。

社会交换是团队目标导向对团队创造力和个体创造力产生影响作用的潜在中间机制（Gong et al.，2012）。一些学者在实证研究中提到，通过与他人交往，员工可以积累和汇集有关工作任务，或与工作问题相关的信息资源，可以接触到各种各样的想法和思维方式，并高效率地合成共享资源，成为工作领域知识库，这有利于发挥创造力和实施创意（Mueller et al.，2012；Gong et al.，2012）。例如，龚等（Gong et al.，2013）将信息交换作为中介变量，研究组织信任与员工前瞻性人格对员工创造力的影响。信息交换有利于促进组织内成员知识和技能的互补，为个体向他人获取观点和知识提供平台，提高个人创造力和创意支持。因此，本书将考察知识领地如何通过信息交换这个潜在机制影响创意实施。

在组织中，团队气氛作为一种社会环境，蕴含着一系列社会信息。因此，团队成员往往会将团队气氛作为信息线索来源。氛围反映团队成员在组织环境中受到支持、激励、人际信任、奖励事件、实践及各种行为的共同感知，尤其是在团队动态的互动过程和面临共同任务目标时，高度信任的关系有助于团队成员减少冲突，加强信息和知识的交流，推动个体将知识整合为团队或组织知识（Brown et al.，2014；霍伟伟等，2018；Chou et al.，2010）。故本书将团队信任作为个体创意实施向团队创意实施转化的中介机制进行探讨。

5.3　文献探讨与研究假设

5.3.1　团队知识领地与创意实施

团队知识领地是团队成员对有价值的知识所有权的主张，其行为指向为团队外的个体/团队/群体。当团队内部个体感知对外领地行为较多时，其会产生较强烈的团队专属意识，形成团队之间的角色、任务等"界限"分明，而且也会产生强烈群体行为的感知，维护自己团队的领地，进而影响团队成员的知识所有权感知，体会到"这是我们的，而且不是你或你们的"的权力主张。

创意实施是指把新颖有用的想法转换成相应的产品、服务或流程。创意实施包括了方案评估和选择、执行方案等环节，在创新过程中是至关重要的阶段（Škerlavaj et al.，2014）。阿克斯特尔等（Axtell et al.，2000）认为创意执行的关键条件在于支持性的管理、员工参与决策以及团队对创新的支持。创意者如果能获得建设性的反馈意见，该项创意实施的成功率将大大提高。创造者需要说服组织或领导接受，并获得他们的支持，而决策者通过创意识别筛选出真正有价值的创意进行完善并落实推广（齐舒婷等，2019）。创意实施需要更多的支持性资源以及团队成员更紧密的协作，个体拥有创造力不一定能达成创新实现（李艳和杨百寅，2016）。

较高团队领地行为的员工既能通过展现自己的知识、经验或创意给其他成员与管理者，实现互动交流与反馈，又能适当的保护自己的知识和技能不被盗用。管理者也会为避免知识产权等纠纷进行监管和监督，达到既能维护好个人利益不受损失，同时又可以营造共享知识与组织创新氛围，推进较高质量的个体创意生成和实施。较高对外领地行为的团队会将保护团队内资源作为常规任务，例如，标记属于本团队的有形资产，不允许其他团队使用本团队的创意等（刘军等，2016）。除此之外，一旦团队资源被侵犯，团队成员会变得紧张而焦虑，并开展各种防卫或标记等行为进行维护。领导者和团队成员所营造的组织学习和知识分享氛围，有助于彼此之间的信任与交流，提高创意实施的关键资源的支持与帮助。知识共享是促进知识的创新，扩充组织知识资产，增强团队产生新颖想法的能力（Bock et al.，2005），以及实现集体成果的关键过程。由此，提出如下假设1和假设2：

H1：团队知识领地对个体创意实施产生正向影响。

H2：团队知识领地对团队创意实施产生正向影响。

5.3.2　团队信息交换的中介和调节作用

知识领地如何影响创意实施？我们认为知识领地通过信息交换部分地影响创意实施。信息交流是指有意识和有意识地努力交换与工作相关的信息、知识和想法，团队成员之间的信息交流是获取和创造知识的重要途径（Bunderson and Sutcliffe，2002；Johnson et al.，2006）。创意实施需要在组织约定的范围内，通过被大家认可接受的渠道把创新整合到组织中（West，

2002）。新想法的实施是有风险的，因为它们打破常规，是对现有或既定秩序的改变（Edmondson et al.，2001；Dewett，2011）。知识资源化会降低实施新想法的不确定性（Xu et al.，2010）以及避免失败。员工能够通过信息交流学习他人的成功经验和技能（Karasek and Theorell，2016；Ding et al.，2017），知识资源化可以增加个人执行新任务的信心（Che et al.，2018）。

依据社会交换理论，知识共享是团队成员进行学习的一种方式，有利于成员之间交换与分享与任务相关的知识和信息，提升个体创造力（Perry-Smith，2014）。在团队氛围下，知识和信息在组织或团队中的分享与交换，交换双方都能从中受益，获取更多异质性或有用的知识和信息。团队领导鼓励本团队内部成员共同收集与分享知识，提倡团队内成员相互合作，对团队外部采取适当的隐藏行为。实证研究认为，成员间信息与知识的交流可以提高产品创新的速度。通过信息交流，成员不仅能够提高自身的能力，而且能够运用不同的知识和技能来完成团队的任务（Smith et al.，2005）。

团队信息交换有益于个体创意产生和创意实施。个人从他人那里获得想法、观点和知识（Bandura，1986），团队信息交换提供了一个可以实现知识或信息交流的平台。新想法的获得为产生创意的重新组合或合成提供了来源，创造力成分模型表明信息资源是个体创造力的重要组成部分（Amabile et al.，2005）。个人创造力通常在团队中产生，团队的环境提供了影响个体创造力的重要输入（Shin et al.，2012）。因此，信息资源的积累对于创造力至关重要，并且被认为是创意产生的前提条件。

创造者能否让关键人物（如领导、投资人等）知晓、理解、认可并支持自己的创意，是自己的创意能否进入实施阶段的决定性环节（李艳和杨百寅，2016）。创业者的特色语言以及非言语沟通技巧能够增强投资者对项目的理解，从而显著提升其投资意愿。员工可以借助信息交换与沟通（积极展现创意和向上级施行影响力策略），更有可能赢得领导对其创意的认同和认可，并最终得以实施（Lu et al.，2019）。

根据领导成员交换理论，高质量领导成员交换关系有利于增强员工与领导的相互信任与尊重，增强员工的积极自主性，有助于双方分享资源和信息，员工也会通过努力和忠诚回报领导与组织，高质量的领导成员交换关系在特定情境中能够促进员工创新行为和工作绩效（Pellegrini et al.，2020）。由此，提出如下假设 3 和假设 4：

H3：团队信息交换在知识领地与团队创意实施之间起中介作用。

H4：团队信息交换在知识领地与个体创意实施之间起调节作用。

5.3.3　个体创意实施与团队创意实施

多层次理论和研究认为个体行为是一个社会系统（如团队）中最基本的分析单元（徐振亭等，2016）。个体行为在时间和空间中相互影响和冲突，产生社会性交互，这种运行系统和个体间的相互反应引起群体现象（李鲜苗和李霜，2016）。目前在个体创意实施与团队创意实施的关系研究方面还处于空白。但是，各个层次的创意实施行为都需要个体的参与。这意味着个体参与创意实施的水平越高，团队创意及其所对应的创意实施水平也越高。个体参与创意实施与团队创意实施的联系，可以看成是通过个体成员之间经过讨论、沟通、共同致力于团队创意的成功实现。

在创新实施阶段，团队创新氛围、组织规范、团队价值观等则成为重要的情境因素。研究发现，团队创新氛围正向调节团队创意产生与团队创意实施的关系（Somech and Drach-Zahavy，2013）。基于此，本书借鉴龚等（Gong et al.，2012）研究成果，将个体创意实施平均化，探讨个体创意实施与团队创意实施的关系。因此，提出如下假设5：

H5：个体创意实施平均水平与团队创意实施具有显著的正相关关系。

员工如何建立信任关系？我们认为积极主动的员工部分通过信息交换与他人建立信任关系。高度信任的关系有助于团队成员加强信息和知识的交流与完善（徐振亭等，2017），团队信任能够推动个体将知识共享得到的知识通过知识创造的四阶段模型整合为团队或组织知识，最终提升团队知识共享。

依据社会资源交换理论，高质量的互动交流，所缔结的互惠关系或其他类的情感关系就越强，成员更加易于获得更多的创新资源和较高的信任。较高的团队信任易于营造一种想法和信息共享、相互帮助和支持的氛围（Li et al.，2020；Xu and Li，2021），对参与创造活动的员工而言，这种氛围可以提供更为宽泛的知识库和高质量的信息。员工可以将其各种方案向其领导或同事交流和讨论，不担心受到嘲弄或被利用，降低了防御心理，从而提高可选择方案的质量。当存在信任关系时，信任的伙伴"把他们伙伴的问题当作自己的问题来处理"（Aubert and Kelsey，2003）。信息交换视角和相关研究表明，信任关系对于这种交换行为和随后的创新至关重要（Colquitt et al.，2007；Brown et al.，2014）。李自杰等（2010）研究表明，在承认存在个体知识所有权的基础上，团队信任对于打破知识领地壁垒有促进作用。因此，提出如下假设6：

H6：个体创意实施平均水平通过团队信任对团队创意实施产生积极影响。

5.4 研究方法

本书研究所考察的变量涉及了个体及团队两个层面，个体嵌入团队中。就本书研究而言，若研究的处理仅限在个体知识领地层面，会忽略团队因素对个体的影响以及团队身份，事实上，观察到的效应既包括个体效应也包括团队效应，研究结果会低估估计值的标准误差。但如果变量仅从团队层面考虑，又会忽略个体因素，可能使原本显著的效应因分组特性与研究变量无关而变得不再显著。因此，多层次分析模型为研究具有分层结构的数据提供了一个方便的分析框架。

研究者可以利用该框架系统地分析个体因素和团队因素对创意实施产生的影响效果，检验团队变量如何调节个体层面变量对团队创意实施变量的效应，以及个体水平解释变量是否影响组间水平解释变量的效应。通过多层次模型分析，能够将结果测量中的变异分解成团队组内变异和团队组间变异，因而可以考察变量在个体水平和团队水平相对变异的情况。因此，本书研究采用多层次分析方法验证知识领地与创意实施的多层次作用关系。本书研究对回收的有效数据进行了如下处理：

（1）采用 SPSS 20.0 和 AMOS 20.0 软件包进行了描述性统计分析、CITC 检验、验证性因子分析。

（2）选择由 Scientific Software International 公司设计的 HLM 6.08 正版商业软件进行了多层线性模型分析。

5.5 研究测量

本书研究的主要变量有团队知识领地、个体创意实施、团队创意实施、团队信息交换和团队信任。除控制变量外，其余测量题项均采用李克特5点量表，1代表非常不同意，5代表非常同意。

（1）团队知识领地。借鉴刘军等（2016）针对中国情境下开发的4个题项量表。测量题项包括"我们会有意无意跟其他团队/部门之间划清界限""对待来自其他团队/部门的同事，我们高度戒备""别的团队/部门的事，我们能不管就不管""如果上级要求我们团队/部门和其他团队/部门合作，我们尽可能敷衍了事"等。该量表的Cronbach's α系数分别为0.775和0.789，具有良好的信度。

（2）个体创意实施。借鉴吴和卢西亚内蒂（Ng and Lucianetti，2012）开发的3个题项，例如，"该员工的创意已经转化成有用的产品或流程""该员工的创意已经得到认可并予以实施""该员工的创意已经在市场上取得成功或在组织内成功实施了"。该量表的Cronbach's α系数为0.771。

（3）团队创意实施。借鉴茜恩和周（Shin and Zhou，2007）开发的3个题项，主管评定创意执行情况，例如，"团队的创意得到进一步发展""团队的创意转化成有用的产品、流程等""团队的创意已经在市场上取得成功或在组织内成功实施了"。该量表的Cronbach's α系数为0.881。

（4）团队信息交换。借鉴苏布拉马尼亚姆和扬特（Subramaniam and Youndt，2005）开发的共5个题项，例如，"我与部门同事交流信息，并向他们学习""我与公司内不同部门的人交往，并交流看法""我与同事们合作（交流信息与知识）来分析和解决问题""我从公司一个部门学到知识和经验，并将它们应用到本部门出现的问题和机遇上"。该量表的Cronbach's α系数为0.735。

（5）团队信任。借鉴德容和埃尔弗林（Jong and Elfring，2010）开发的共5个题项。例如，"在工作中遇到困难时，我相信我都能得到同事的协助""我相信大部分的团队成员在工作上能言行一致"等。该量表的Cronbach's α系数为0.794。

上述量表的信度系数均高于统计学建议标准，即α>0.7，表明上述量表具有较高的测量信度。最后，本书分别在个体和团队层次控制某些人口统计学变量。例如，将员工性别、工龄与学历等作为个体层面的控制变量（霍伟伟等，2018；West，2002），团队规模与团队成立时间作为团队层面的控制变量。

5.6　研　究　样　本

本次调研的数据仍然采用第 4 章研究一的 3 次调研，进行北京、上海、广州、江苏、浙江、安徽等地的 52 个企业和科研院所的科研创新团队，最终回收 41 个科研创新团队的 311 名团队成员及其主管发放问卷（具体数据详见第 4 章研究一）。

5.7　数据处理结果与分析

5.7.1　团队层面数据聚合

本研究是属于多层次水平的，团队目标取向、团队自省及创造力支持氛围的测量是在个体水平上进行的，因此需要检验团队层面数据聚合的合理性。若检验通过，才可以将个体水平上数据聚合到团队层次，形成团队层次变量的数据。检验数据聚合的可靠性指标有 r_{wg}、ICC（1）、ICC（2）等，这些指标具有一些重要的理论意义和验证价值，r_{wg} 是用来评价组内一致性的，而 ICC（1）、ICC（2）都是对组内差异和组间差异的比较（Bliese and Halverson，1998）。采用哪个指标需要根据理论和资料确定，即根据所研究的构念类型和构成模式选择不同的验证指标。而侯杰泰等（2004）认为验证指标用得越多说服力越大。因此，本研究拟计算群体内部一致性系数 r_{wg}（James，1993）与组内相关系数 ICC（1）与 ICC（2）（Bartko and Carpenter，1976），以此验证个体层次数据聚合到团队层次的合理性。

5.7.1.1　组内一致性检验

科兹洛夫斯基和哈川普（Kozlowski and Hattrup，1992）研究指出，组内一致性（with-group agreement）是指回答者对构念反应一致性的程度，常用的判断指标是 r_{wg}，其计算公式如下：

$$r_{wg}(j) = \frac{J\left(1 - \dfrac{\overline{S_{xy}^2}}{\sigma_{eu}^2}\right)}{J\left(1 - \dfrac{\overline{S_{xy}^2}}{\sigma_{eu}^2}\right) + \dfrac{\overline{S_{xy}^2}}{\sigma_{eu}^2}} \tag{5.1}$$

其中，S_{xy}^2 是指在 J 个问项所观察到的方差的平均数，σ_{eu}^2 是期望的随机方差，$r_{wg}(j)$ 则是在 J 个平行的问项上所有回答者的组内一致度。已有研究指出，$r_{wg}(j)$ 取值介于 $0 \sim 1$ 之间，越接近 1 表示团队内个体成员评分一致度越高；一般情况下，$r_{wg}(j)$ 采用 0.7 作为其判定临界值。

5.7.1.2 组内相关 ICC(1) 和 ICC(2)

组内相关 ICC(1) 和 ICC(2) 是检验研究变量是否有足够组间差异的指标。研究者通过 HLM 分析，首先得出变量的组间方差和组内方差，进而得出研究变量的组内相关 ICC(1)。

ICC 通过运行方差分析，可以获得组间均方（mean square between groups，MSB）和组内均方（mean square within groups，MSW），套用公式：

$$ICC(1) = \frac{MSB - MSW}{MSB + (k - 1) \times MSW} \tag{5.2}$$

$$ICC(2) = \frac{MSB - MSW}{MSB} \tag{5.3}$$

已有研究认为 ICC(1) 的取值范围通常在 $0 \sim 0.50$，但是此判断范围可能受到样本量的影响，故需进一步验证组间方差的显著性。陈和布莱斯（Chen and Bliese，2002）研究认为 ICC(1) 和 ICC(2) 符合数据聚合的判断标准：ICC(1) >0.12，ICC(2) >0.7。

经对本研究全部样本数据进行计算，各变量的聚合检验指标值如表 5.1 所示。各研究变量都满足 $r_{wg} > 0.7$、ICC(1) >0.12、ICC(2) >0.7，符合数据聚合的判断标准。

表 5.1　　　　　　　　　　　团队层面数据聚合检验

测量指标	参考值	团队知识领地	团队信息交换	团队创意实施	团队信任
r_{wg}	$r_{wg} > 0.7$	0.79	0.83	0.89	0.77
ICC(1)	ICC(1) >0.12	0.28	0.29	0.34	0.24
ICC(2)	ICC(2) >0.7	0.82	0.82	0.86	0.80

5.7.2 信度与效度分析

在效度分析方面，本研究运用 AMOS 23.0 统计分析软件分别对团队知识领地、团队信息交换、团队创意实施、个体创意实施与团队信任五个构念进行验证性因子分析（confirmatory factor analysis，CFA），具体结果如表 5.2 所示。五因子模型（团队知识领地、团队信息交换、团队创意实施、个体创意实施与团队信任）具有较好的拟合效度。

表 5.2 验证性因子分析

模型	因子数量	所含因子	χ^2/df	GFI	CFI	NFI	RMSEA
模型 1	5	*TKT*；*TIE*；*TIP*；*TT*；*IIP*	1.913	0.925	0.917	0.929	0.069
模型 2	4	*TKT*；*TIE* + *TIP*；*TT*；*IIP*	2.764	0.818	0.813	0.824	0.096
模型 3	4	*TKT*；*TIE*；*TIP* + *IIP*；*TT*	2.996	0.809	0.801	0.816	0.107
模型 4	3	*TKT*；*TIE* + *TIP* + *IIP*；*TT*	6.109	0.790	0.786	0.799	0.138
模型 5	2	*TKT*；*TIE* + *TIP* + *TT* + *IIP*	11.235	0.601	0.596	0.609	0.157
模型 6	1	*TKT* + *TIE* + *TIP* + *TT* + *IIP*	19.711	0.522	0.517	0.529	0.201
参考值	—	$1 < \chi^2/df < 5$；RMSEA < 0.08；GFI > 0.9；IFI > 0.9；CFI > 0.9；NFI > 0.9					

注：*TKT* 表示团队知识领地；*TIE* 表示团队信息交换；*TIP* 表示团队创意实施；*IIP* 表示个体创意实施；*TT* 表示团队信任；" + "表示变量的合并。

5.7.3 变量的描述性统计和相关性分析

在检验变量间是否存在关联，其取值范围介于 −1.00 ~ 1.00 之间。一般情况下，相关系数的绝对值在 0.3 以下为弱相关，0.3 ~ 0.8 为中相关，0.8 ~ 1.0 为强相关；若变量间的相关系数的绝对值大于 0.8 时，可能存在多重共线性问题（马国庆，2002）。表 5.3 和表 5.4 是本研究相关变量的平均值、标准差和相关系数的数据处理结果。由表 5.4 可知，团队知识领地对外行为与团队信息交换（$\gamma = 0.32$，$p < 0.01$）、团队信任（$\gamma = 0.27$，$p < 0.01$）与团队创意实施（$\gamma = 0.23$，$p < 0.01$）具有显著正相关关系。另外，由表 5.3 可知教育程度与个体创意实施（$\gamma = 0.04$，$p < 0.01$）具有显著正相关关系。

表 5.3　　　　　变量平均值、标准差和相关系数矩阵——个体层面

变量	平均值	标准差	性别	年龄	教育程度	个体创意实施
性别	1.40	0.39	1			
年龄	28.47	5.98	− 0.11	1		
教育程度	3.11	0.62	0.05	0.06	1	
个体创意实施	4.01	0.55	− 0.08	0.05	0.04 *	1

注：＊表示 p < 0.05、＊＊表示 p < 0.01。

表 5.4　　　　　变量平均值、标准差和相关系数矩阵——团队层面

变量	平均值	标准差	团队规模	团队成立时间	团队知识领地	团队信息交换	团队信任	团队创意实施
团队规模	5.67	2.75	1					
团队成立时间	3.32	1.78	0.14	1				
团队知识领地	3.86	0.57	0.05	0.07	1			
团队信息交换	4.10	0.68	0.04	0.04	0.32 **	1		
团队信任	4.01	0.57	0.02	0.03	0.27 **	0.33 **	1	
团队创意实施	3.78	0.46	0.02	0.04	0.23 **	0.37 **	0.40 **	1

注：＊表示 p < 0.05、＊＊表示 p < 0.01。

5.7.4　假设检验：团队信息交换的中介与调节效应检验

本研究运用多层次模型（HLM 6.08）检验团队信息交换在团队知识领地与团队创意实施、个体创意实施关系间的中介与调节作用。我们根据马蒂厄和泰勒（Mathieu and Taylor, 2007）检验多层次中介作用的做法：首先，自变量和因变量必须显著相关；其次，自变量与中介变量有显著相关关系；最后，将自变量和中介变量同时置入预测模型中，两者皆须达到显著。表 5.5 数据结果显示，团队知识领地分别对团队创意实施（M2：$\gamma = 0.20$，p < 0.01）与个体创意实施（M5：$\gamma = 0.30$，p < 0.01）产生显著的正向影响，假设 H1 和假设 H2 得到支持。当将团队信息交换放入模型以解释团队知识领地分别对团队创意实施与个体创意实施的影响时，团队知识领地对团队创意实

施的影响由（M2：$\gamma = 0.20$，$p < 0.01$）降为（M3：$\gamma = 0.12$，$p < 0.01$），显著降低。另外，根据普里彻等所提出跨层次中介验证方法（Preacher et al.，2010），本研究进行了参数拔靴法以验证团队信息交换的中介效应。基于2000 次蒙特卡罗复制（Monte Carlo replications），结果显示：团队知识领地通过团队信息交换对团队创意实施的中介效应显著（间接效应 = 0.04，CI = [0.02，0.07]），因此，假设 H3 得到支持。

表 5.5   HLM 分析结果：团队信息交换的中介效应和调节效应

变量		团队创意实施			个体创意实施		
		M1	M2	M3	M4	M5	M6
截距（γ_{00}）		4.32 **	2.11 **	1.63 **	2.68 **	2.17 **	1.30 **
个体层面	性别	0.06	0.04	0.02	−0.06	−0.02	0.01
	年龄	0.02	0.01	0.01	0.05	0.02	0.02
	教育程度	0.07	0.04	0.03	0.04	0.03	0.02
团队层面	团队规模	0.02	0.01	0.01	0.06	0.04	0.04
	团队成立时间	0.04	0.02	0.02	−0.04	−0.01	0.01
自变量	团队知识领地		0.20 **	0.12 **		0.30 **	0.22 **
	中介变量						
	团队信息交换			0.16 **			
	调节变量						
	团队信息交换					0.26 **	0.21 **
	团队知识领地 × 团队信息交换						0.09 **
	$\Delta R^2_{组内}$	0.21	0.29	0.33	0.22	0.27	0.25
	$\Delta R^2_{组间}$	0.02	0.04	0.06	0.05	0.10	0.13

注：$*$ 表示 $p < 0.05$、$**$ 表示 $p < 0.01$。

本研究为检验团队信息交换的跨层次调节作用。首先，建立零模型（M4）；其次，考察团队知识领地与团队信息交换对个体创意实施的直接效应（M5）；最后，检验团队信息交换的跨层次调节效应（M6）。表 5.4 数据结果显示，团队信息交换正向调节团队知识领地与个体创意实施之间的关系（M6：$\gamma = 0.09$，$p < 0.01$），交互作用的效果显著，假设 H4 得到支持。本研究进行了团队信息交换与团队知识领地对个体创意实施的交互效应图，如图 5.1 所示。由图 5.1 可知，团队信息交换越强，团队知识领地对个体创意实施的正向影响显著大于团队信息交换较弱的情况。

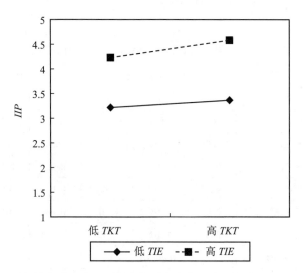

图 5.1　团队信息交换在团队知识领地与个体创意实施关系间的调节作用

5.7.5　个体创意实施与团队创意实施关系效应分析

借鉴龚等（Gong et al., 2013）做法，本研究通过集聚团队内个体创意实施加总平均作为团队创意实施的平均水平，并运用 HLM 6.08 检验个体创意实施与团队创意实施的关系及团队信任的中介效应，见表 5.6。由表 5.6 可知，个体创意实施的加总平均对团队创意实施产生正向影响（M8：$\gamma = 0.33$，$p < 0.01$）；将团队信任与个体创意实施的平均水平同时放入预测模型中，发现个体创意实施对团队创意实施的影响均由（M8：$\gamma = 0.33$，$p < 0.01$）显著降低为（M9：$\gamma = 0.24$，$p < 0.01$），证明个体创意实施平均水平通过团队信任自下而上对团队创意实施产生积极影响。因此，假设 H5 和假设 H6 得到验证。

表 5.6 个体创意实施与团队创意实施关系多层次模型分析

变量	团队创意实施		
	M7	M8	M9
截距	2.68**	2.08**	1.02**
团队规模	−0.06	−0.03	−0.02
团队成立时间	0.04	0.02	0.02
自变量			
个体创意实施[a]		0.33**	0.24**
调节变量			
团队信任			0.20**
$\Delta R^2_{组内}$	0.22	0.27	0.30
$\Delta R^2_{组间}$	0.05	0.11	0.15

注：* 表示 $p < 0.05$、** 表示 $p < 0.01$；a 代表个体成员知识共享的加总平均。

本研究所有假设均得到支持，具体如图 5.2 所示。

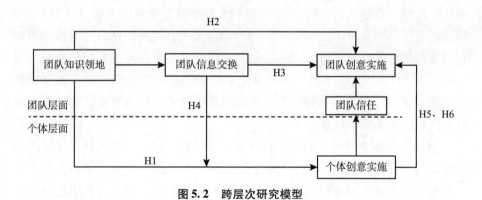

图 5.2 跨层次研究模型

5.8 研究结论

在社会交换理论与知识领地视角的基础上，本章针对研发团队，探讨知识领地对创意实施影响的跨层次研究。研究发现：

（1）团队知识领地对个体创意实施和团队创意实施均有显著正相关关系，支持假设 H1 和假设 H2。领地行为发生在个体、团队、组织等多层面，现有研究仅从单一的个体特征或是情境特征出发考察领地行为与创意实施的关系，无法准确描绘个体因素与组织情境因素之间的交互影响（Hays and Williams，2011；Li et al.，2020）。本研究分别从团队层面检验知识领地与创意实施之间的关系，研究结论印证了布朗等关于通过群体或团队的领地行为抑制个体领地行为所产生的负面影响（Brown et al.，2007；Brown and Baer，2015），团队知识领地对团队创意实施有显著正相关关系。该研究丰富和拓展了知识领地与创意实施的关系研究。

（2）研究证实团队信息交换作为重要的知识分享过程与团队情境对个体和团队层次创意实施产生的不同行为效应。研究发现：在团队层次上，团队信息交换在团队知识领地与团队创意实施关系中起到中介作用，支持假设 H3；个体层次上，团队信息交换不仅对个体创意实施产生积极的影响，而且跨层次正向调节团队知识领地与个体创意实施的关系，支持假设 H4。先前关于知识领地与个体创新、团队绩效等的研究（刘军等，2016；彭贺，2012；宋一晓和曹洲涛，2015；李保明和史帅斌，2016；尹宁和张峥，2020），采用团队互依性、角色认同、信息透明度等作为过程变量或情境变量（刘军等，2016；霍伟伟等，2018；范雪灵等，2018），鲜有研究将团队信息交换作为知识领地与创意实施关系间的团队层次的过程变量和个体层次的情境变量（Li et al.，2020）。因此，本研究不仅深化了对团队知识领地影响团队创意实施的过程"黑箱"以及团队知识领地影响个体创意实施的边界条件的认知，而且一定程度上拓展了信息交换理论。

（3）个体创意实施平均水平通过团队信任自下而上对团队创意实施产生积极影响，支持假设 H5 和假设 H6。知识领地存在的形式有所不同，但本质上都是对特定知识所有权的感知与独占性行为。同时，无论是知识创造，还是创意实施都离不开个体和团队的共同参与。基于此，本研究提出并验证了个体创意实施通过自下而上方式影响团队创意实施。尤其是个体创意实施通过团队信任对团队创意实施产生积极的影响，不仅回应了已有研究所倡导的个体创意是团队乃至组织创意的基础，而且解释了个体创意实施向团队创意实施转化的过程机制，拓展了创意实施的跨层次理论，深化了对创意实施形成规律的认识。

5.9 本章小结

本章以研发团队主管及其成员为研究对象，从团队层面构建了知识领地对创意实施的跨层次影响模型，分别对团队知识领地与个体创意实施的关系、团队知识领地与团队创意实施的关系、团队信息交换在团队层面关系的中介作用及其跨层次的调节作用、个体创意实施与团队创意实施的关系进行了实证研究，研究假设的验证情况如表 5.7 所示。研究者认为创意从产生到采纳是一个涵盖创意产生、细化、倡导和采纳的多阶段过程，各阶段彼此关联互为补充。其过程管理需要处理诸如项目目标与组织目标、短期绩效与长期发展、现有战略和新兴项目等一系列矛盾与冲突，以及组织的创新氛围、中层管理者和员工等多层次因素的跨层影响，具有高度复杂性。此外，在团队合作中，团队作为一个复杂、多层次系统，其必然受到时间、任务及情景的多次循环的影响，本研究的第 6 章内容采用案例研究和准实验方法，进行知识领地与创意实施的演化关系及干预策略的研究。

表 5.7　　　　　　　　　　　　研究假设的验证情况

研究假设	验证情况
H1：团队知识领地对个体创意实施产生正向影响	支持验证
H2：团队知识领地对团队创意实施产生正向影响	支持验证
H3：团队信息交换在知识领地与团队创意实施之间起中介作用	支持验证
H4：团队信息交换在知识领地与个体创意实施之间起调节作用	支持验证
H5：个体创意实施平均水平与团队创意实施具有显著的正相关关系	支持验证
H6：个体创意实施平均水平通过团队信任对团队创意实施产生积极影响	支持验证

第6章

知识领地与创意实施的演化关系与干预机制研究

6.1 研 究 目 的

　　单独的个体和环境特征都不能解释态度和行为结果的改变，个体行为受到个体和环境两个层面因素的交互作用影响（Schneider，1987），个体与环境的相互作用将共同影响团队创造力（Livingstone et al.，1997）。个体嵌入在团队之中，团队作为一个复杂、多层次的动态系统，必然受到团队领导、任务特征及其他情境因素的影响（McGrath et al.，2000）。本章为了更深入的阐释知识领地与创意实施的演化关系，一方面，尝试通过质性的研究方法，构建个体和团队在创新全过程中，知识领地的应对策略；另一方面，采用准实验方法，通过团队心理辅导建设团队信任和团队信息交换，实现团队创意实施干预。

6.2 子研究一：知识领地与创意实施演化关系的案例研究

6.2.1 引言

个体和团队"知识心理所有权"，即员工可能会产生知识也是属于组织的心理认知，是"我们"的知识。无论是"我的"知识还是"我们的"知识，统称为感知的知识所有权，区别在知识所有权的强弱程度和知识边界。在知识管理领域，员工的心理特征对其知识管理行为产生必然影响，个体行为不仅仅受个体特征的影响，还会受到个体所处团队乃至组织层次的情景因素影响（Pellegrini et al.，2020）。这些情景因素一方面会对个体行为产生直接的影响，另一方面也可能会强化或弱化个体特征与其行为间的关系。在企业创新过程中，创新悖论也日渐显著（罗瑾琏等，2021），包括创新动力源悖论、创新知识源悖论、创新创意源悖论。研究表明，团队领导成就模式、管理策略心理情景、信息反馈和措施选择等会指导和调整团队成员创新行为。因此，个体和团队如何看待知识领地，处理好知识领地边界对创新各阶段的影响效应，以实现更高水平的创新或持续创新，是个体和团队亟待检验和解决的命题。

6.2.2 理论基础与研究框架

6.2.2.1 创新过程理论

正如第3章所述，创新过程理论有二阶段、三阶段以及四阶段的区分。越来越多的学者就创意从产生到被组织认可、支持和采纳过程中涉及的过程和影响因素进行深入探究（Axtell et al.，2000；Baer，2012；Anderson and Potočnik，2014）。其中，阿玛比尔（Amabile，1996）提出了经典的创新过程两阶段理论，即创新过程分为创意产生和创意实施。詹森等（Janssen et al.，

2010）在此基础上新增创意倡导阶段，将创新过程拓展为三个阶段。德容和邓哈托（Jong and Hartog，2010）试图从创意的孕育、创意产生、创意采纳和创意实施四个阶段描述创新过程。创意的产生并不意味着他们可以有效地被实施，二者之间可能存在复杂的动态作用关系。梅斯曼和穆德（Messmann and Mulder，2011）从动态和情境的视角对创新过程进行实证检验，包括机会发现、创意产生、创意推广和反思。佩里·史密斯和曼努奇（Perry-Smith and Mannucci，2017）从员工层面，将创新过程区别为创意产生、创意细化、创意倡导、创意实施四个阶段，其中创意实施涵盖创意采纳、产品化和商业化三个过程。员工完善创意（创意细化）并主动寻求管理者关注，通过影响管理者的态度提高创意被选择的机会（创意倡导）是自下而上与自上而下创新的核心区别（Kim et al.，2014），也是员工创意赢得管理者认可、支持和采纳的关键所在。

本研究认为团队领导首先必须清楚创新过程中需要经历哪些阶段，然后了解员工各个阶段的员工对待知识所有权的认知，以及员工知识领地性边界的处理方式，才能调动员工的创新潜能共同参与创新。以往的研究并没有展开对创新过程中不同层面知识领地应对方式的研究，创新过程中涉及多方要素推动与复杂悖论关系，即不同类型企业在不同创新活动中关注的悖论要素具有显著差异（Schad et al.，2019）。因此，本研究采用德容和邓哈托（Jong and Hartog，2010）的创新过程，通过各阶段中个体和团队层面，探索知识领地在创新过程中的演化关系。

6.2.2.2 研究框架

个人创造力通常在团队中产生，团队的环境提供了影响个人创造性行为的重要输入（Shin et al.，2012）。团队信任是员工关系取向的一种特殊形式，被定义为人们在相互交往过程中产生的依赖感、安全感和可靠感，反映了团队成员间的普遍化信任水平，决定着人际交往能否朝着健康方向发展，诸如知识隐藏、知识共享等。团队信息交换提供了一个可以实现知识或信息交流的平台。成员间信息与知识的交流可以提高产品创新的速度。通过信息交流，成员不仅能够提高自身的能力，而且能够运用不同的知识和技能来完成团队的任务（Smith et al.，2005；Chou et al.，2010）。罗瑾琏等（2021）认为，研发团队领导者对创新悖论表现出的接受和抗拒（抑制、放任）应对倾向，决定了创新悖论积极和消极效应的形成，包括创新知识源悖论以及创新创意源悖论。

结合第 4 章和第 5 章的跨层面分析以及 fs/QCA 的研究结果，从创新全过程的视角，探索知识领地"双刃剑"效应，以及个体和团队如何实现持续有效的创新。需要解决如下问题：第一，在创新各阶段，个体如何认知知识的边界性？其行为如何？第二，在创新各阶段，团队领导如何看待知识领地，采取何种行为平衡团队成员与团队整体关系？第三，如何长期有效地平衡关系，以实现持续创新？因此在明确上述问题的基础上，构建在创新全过程中，知识领地"双刃剑"效应的应对框架。

6.2.3 研究方法与设计

6.2.3.1 质性研究

麦克斯韦（Maxwell，1996）指出，质性研究方法聚焦特定的情境或者特别的人，其资料的分析通常是文字，而不是数字，适用于质性研究方法的研究目标分为五大类：

（1）从被研究者的角度出发，对其所描述的情境——遭遇的事件，构成其经历和生活的片段，个体采取的行动等，从认知、感情、动机等多个维度进行意义理解。被研究者的个人描述，正是研究者所力图理解的社会现实的有机组成部分。

（2）实现对被研究者进行社会活动所处的特定情境的理解，以及此种情境对被研究者活动产生的影响。质性研究的样本量通常较小，其典型特点在于研究分析中应当充分保持样本个体特征的自然性和完整性，充分理解事件、行动和意义是如何在特定的情境中发生的，以及个体是如何被形塑的。

（3）运用扎根理论对一些不可预知的现象和影响进行总结与归纳。在长期的质性研究中，研究者首先采用质性研究方法进行预研究，从而设计问卷并识别若干实验调查的变量或条目，并进行反复论证与检验。

（4）梳理事件和行为发生的过程。质性研究方法适用于对导致某种结果的过程性问题研究，这与实验研究和问卷测量法等量化研究方法相反。

（5）进行因果关系的诠释。质性研究方法和量化研究方法都可以进行因果关系的诠释，但是两者的研究重点不同。研究者在使用量化研究方法时，所关注的通常是自变量在多大程度上影响着因变量；而在使用质性研究方法时，所探究的是自变量是如何影响因变量的，两者之间的作用过程或关系是如何产生的。

本研究旨在回答行为主体选择领地性行为如何影响团队创意实施的演化，属于回答"如何"问题范畴，并且动态演化是在时间上个体与团队互动的过程，因此，本研究采用质化研究方法。主要采用扎根理论（ground theory）这种探索性研究技术。扎根理论是由格拉泽和施特劳斯于20世纪60年代提出的一种质化研究方法（Glaser and Strauss, 1967），其基本思想是通过阅读和分析经验资料构建理论。该方法通过开放性编码、主轴编码和选择性编码逐步分析资料，进行类属、概念和性质等编码，以因果脉络建立变量间相互关系，通过故事线将所有变量联系在一起形成理论。在资料分析过程中，采用持续比较分析思路，在资料和资料之间、理论和理论之间不断进行比较。

6.2.3.2　访谈对象及提纲

本研究通过设计非结构化问卷（开放式问卷）对科研创新团队成员进行深度访谈获得第一手资料数据。采用理论抽样方法，按照分析框架和概念发展的要求抽取具体访谈对象。在选择被访团队时，考虑以下几点：第一，科研创新团队处于成长期或成熟期，具有典型性，最终共选择了13个科研创新团队，包括1家科创企业的3个开发团队，2家医药企业4个研发团队，以及高校和科研机构的6个科研创新团队，总共46个受访对象，15位团队带头人。第二，合理的团队成员结构配备。按照年龄划分，20～35岁有21人，约占45.65%，36～55岁18人，约占39.13%，55岁以上的有7人，约占15.21%；从事科研实践1～4年有15人，占32.61%，5～10年的有13人，占28.26%，10年以上有18人，占39.13%。第三，团队成员不少于5人。样本数的确定按照理论饱和的原则为准，即抽取样本直至新抽取的样本不再提供新的重要信息为止。团队成员在年龄层次、社会阅历和工作经验等多方面存在差异。

访谈前我们先对受访团队或对象进行信息搜集，了解团队的详细信息。正式访谈前预约受访对象，告知访谈主题，以便其稍做准备。进入访谈时，研究者先就知识领地的内涵与现象向受访者进行解释说明，以确保其对知识领地正确理解，然后才进入主题进行深度访谈。访谈过程中，研究者采用了变换问题的方式，即主要了解受访者对其他科研创新团队成员知识领地的促发因素的看法，以及在创新过程中产生的影响，而不是调查其自身，这样可以有效避免不诚实回答。整个访谈主题围绕三个方面展开：第一，知识领地的促发因素（个体和团队）；第二，知识领地对创意孕育、创意产生以及创意实施的影响；第三，各阶段的创新对知识领地（个体和团队）有何影响。围绕这三个主题还会进一步追踪式提问，以尽可能深入地洞悉受访者的内在心理。同时，在访谈的过程中，尽可能地让被访者以讲故事（关键事件）的形式进行描述。

6.2.3.3　数据收集与分析策略

（1）数据收集。本研究主要通过深度访谈、企业实地观察、二手资料三种方式收集数据。本研究从多个渠道收集数据，符合证据三角形原则（Yin，2010）。数据收集来源于以下三个渠道：

①深度访谈。深度访谈是本研究主要的数据收集方法。本研究主要对科研创新团队带头人、团队成员以及相关的团队主管进行访谈。在访谈过程中，由 1 位博士生导师、2 位博士生、2 位硕士生组成访谈小组。主要提问人为教授，根据访谈提纲进行提问，依据访谈对象的回答对相关内容进行追问，详细了解典型关键事件，其余 4 名学生负责访谈记录及问题补充。在对团队带头人或领导和员工进行分别访谈时，我们会对访谈的内容进行求证，以便交叉验证，以保证访谈资料的信度。

②观察。在实地调研期间，2 家医药企业的总监带领本课题组参观了研发部门的实验室，1 家科创企业也带领本研究课题组参观并介绍主要部门的研发工作及相关工作流程安排。此外，介绍了企业的发展历程、愿景使命、产品系列以及取得的科研奖励、专利注册等科研成果。

③二手资料。本研究一方面从相关网络报道、公司微信公众号、官方网站上搜集相关素材；另一方面通过与受访企业领导的交流，受访企业通过邮件的方式提供企业内部资料等，包括组织架构、各部门职能安排、研发人员名单、各研发模块主要技术信息和部分财务信息等。

（2）编码策略。扎根理论在数据选择和分析技术上是一种高度系统化程序，如果研究者能够有效执行这些程序，就可以达到较高的研究水准，满足研究发现的推广性、复制性、准确性、严谨性以及可验证性。因此，本研究严格遵守施特劳斯和科尔宾（Strauss and Corbin，2014）的编码技术程序进行构件归纳和模型建立，以保证研究的信度和模型效度。编码时主要采用以下资料分析策略。首先，成立编码小组。为规避编码者个人偏见对编码结果的影响，减少案例研究中的误差和提高理论敏感性（Afuah and Tucci，2000），本研究者与1位人力资源专业的副教授，3位企业管理专业硕士研究生组成共同编码小组。小组成员经过训练后，各自负责一部分案例的标签化，但每篇案例的概念化、类属化以及主轴编码等工作均由小组成员共同进行，有不同意见时进行讨论直到达成一致。其次，撰写备忘录。为每个案例建立一个表单作为备忘，记录该案例的编码结果和修改过程。再次，进行理论抽样和不断比较分析。这两种方法是扎根理论的核心分析策略，贯穿本研究的整个编码过程。已形成的初步概念和类属对后面案例的编码起到指导作用，而当有新的发现（如出现新的或难以归纳的概念和属性），再与先前的编码结果进行分析比较，甚至返回案例修正概念和类属。最后，考虑理论饱和度。理论饱和度是模型效度的重要保证，经验认为样本数在20～30之间即可使理论达到饱和状态，本研究编码到个案例时，概念和类属基本饱和，但仍会有新的性质出现。当编码到最后完成全部38个案例时，新的性质也很少出现。因此，本研究模型具有较好的理论饱和度和效度。

①开放式编码。开放式编码是指对原始资料的逐步概念化和范畴化。表6.1是基于创新过程的团队知识领地所涉及的关键因素及过程进行概念化和范畴化的过程，范畴化的结果即为相关微观影响因素。从表6.1中可以看出，通过开放式编码，最终抽象出60个概念、32个范畴，这32个范畴是在访谈过程中被提到次数最多、最普遍的因素，属于最为关键的核心影响因素。

表6.1 开放式编码

范畴	原始资料语句（初始概念）
个性特征 A1	T11 我们团队成员都是比较开放的，愿意进行分享（团队成员开放性） T17 基本上，部门内部员工都比较和谐，没有太多的矛盾，团队合作得很愉快（团队合作性） T13 能够从导师身上学到很多东西，最重要的是人格魅力（主动性人格）

续表

范畴	原始资料语句（初始概念）
动机 A2	T09 如果将自己的技能全部和盘托出，那自己可能就没有竞争优势了，也许别人会用我的点子，我肯定是吃亏了（外在动机） T18 目标很明确，就是想做出点成绩（内在动机） T11 知识就是权利，也是价值（激励与外在动机）
知识结构 A3	T02 大家专业背景不完全相同，有自己的专长，没有利益冲突（知识多元化） T03 专业背景比较有优势，大家相互讨论的高效，容易碰撞火花（创意数量） T15 也会碰到进入"死胡同"的情况，大家的想法一致，但是又没有什么突破（创意质量）
角色认同 A4	T02 大家都比较热爱研发的工作，有激情，我们有执念（价值观认同） T12 在这家企业很多年了，认同组织文化（文化认同）
心理所有权 A5	T06 进入团队之前，我认为我的知识就是我的，我的成果会加上我原来导师的名字（个体知识所有权） T11 目前，很多科研成果由团队成员一起呈现，只是贡献度不一样，所以排序会有差别（团队知识共享） T13 我们团队成员每年都会申请国家性项目，大家轮流吧，相互协作（团队相互支持）
知识源 A6	T03 如果只是技能方面的优化，依赖现有团队力量，我们完全没有任何问题（内部知识） T13 有一些重要的学术会议，我们一定会参加，会议上与一些专家和学者交流，特别是针对一些技术方面的难题（学术交流） T11 出现技术难点的时候，会和领导（二部总监）讨论，他的经验丰富，解决不了的时候他的外部资源也比我们多，实在不行去我们上下游查找新的信息（经验和外部交流）
知识特征 A7	T07 别人的专利或技术，是需要保护的，我们会考虑涉及个人的知识专属性（知识产权） T01 一些非常成熟的技术，你要是再不 open 或 share，以后别人肯定不会与你合作，没有比较遮掩（显性知识）
知识/技能/专长 A8	T03 我比较善于数据技术分析，我的同事善于建模（专业领域知识） T07 项目的成员搭配由组长和领导进行。组长侧重工艺，或侧重标准，则搭配人员，领导搭组（专长互补——宽度） T09 医生偏重治疗学，治疗学有很多约定俗成（专业性——深度）
权利地位 A9	T11 把自己的专业知识增强，没有太多担心的，未来一切还是看实力吧（知识与权力） T15 如果我告诉了你我知道的东西，我就吃亏了（损失） T21 关键技术的交流中，会权衡利弊损失的，不仅是个人的利益，有时也是团队的整体利益（知识利益）

范畴	原始资料语句（初始概念）
创新自我效能感 A10	T07 创造力是最重要的品质。有了创造力，才会觉得困难都是能解决的，没有创造力，别人一说不行，你就觉得是那么回事（创新自我效能感高） T09 我们团队成员都很厉害，新颖性的点子比较多，大家不怕说出来被嘲笑（创新心理）
团队内防卫行为 A11	T11 有的创意形成是大家查阅文献、专利、书籍等，在一起讨论发表各自意见，再经过讨论选择可行性创意进行试验验证（个体防卫行为） T06 既然是一个团队成员，就不太会故意隐瞒，一次两次也许可以，但是时间长了，就不行了（知识隐藏）
团队内标记行为 A12	T11 每个人都有自己的事情要做，任务也比较明确（责任目标明确） T12 有自己的电脑与办公场所（物理边界）
团队对外领地行为 A13	T05 我们企业有很多研发团队，但团队之间还是会合作的，毕竟每个项目不一样
领地氛围 A14	T17 团队的氛围不是很好，很多情况下，会有所保留的（团队氛围消极的一面） T25 如果对方太过于保留自己的知识，根本就没有办法进行合作（以往合作的经验） T27 团队形成一种模式了，起初都是博士后或师兄带新成员的（团队氛围积极的一面）
团队领导 A15	T03 有创造能力的人，表扬得多一点。主要是认可，细节上体现出来，说啥都不反对。阶段性的赏识，不是一直以项目完成度为主要标准，因此重视高效和人脉的作用（领导的结果导向） T04 我们领导还是希望我们多交流并与外部进行相互合作，出现难以解决的问题，他也会凭着他的经验，给我们一些建议（领导领地行为）
容错动态性 A16	T06 然后容错的话也是，新人也是允许的，只要他敢去试（容错态度） T04 并不是你的提议，都会被采纳的，领导会考虑到各种情况的变化（动态性）
任务特征 A17	T12 对于复杂的任务，我会给予相关技能和知识的支持，我很清楚如果不提供可能会影响目标实现（任务复杂性） T25 比如说这个事情非常紧急又非常重要，就不允许你有太多想法，因为首先要确保工作顺利开展（任务重要性） T16 当其他成员咨询我相关的项目知识时，我通常会毫无保留地给予帮助，如果不相关我通常会忽略掉（任务相关性）
组织制度/规范 A18	T12 国家标准很死，但要达到标准的方法需要想办法。例如，要达到某种溶解度，有多种溶剂，达不到就要找新方法（标准） T11 我们企业追求的就是创新，创新必然面临失败的风险（创新文化）

范畴	原始资料语句（初始概念）
团队信任 A19	T13 团队成员工作自由度高，项目小组也是分开的，但平时的团建活动大家是一起的，成员间交流沟通非常频繁，所以在工作上也非常的团结（团队凝聚力） T09 对于不可靠的人的知识请求，我通常会选择忽略或含混过去，比较信赖的人则不会（信任度）
反馈 A20	T02 以交流为主来激发创造力，项目与项目相关的交流（跨团队之间创造力激发） T03 对技术环节的看法，大家会提出来，组长会回馈，讨论得出可行的方案。纯技术讨论不是全员讨论，由组长与关键成员进行讨论（团队内技术解决）
学习 A21	T09 组内共享知识。对于组间共性问题，如注册的技术要求，项目组长认为需要时，可召集讨论（知识分享） T11 大家的专业背景不一样，有时讨论很激烈，主要是任务冲突，不是人际冲突，关系很和谐，吵着吵着就把点子吵出来了（激发创造力）
思维模式 A22	T03 我就是看着你的结果，过程我不看，我可以少关注一点，但是结果一定要按时完成（过程） T11 团队成员均是知识性员工，对于专业性要求较高，需要成就感，但是企业高层更倾向于产品的市场价值（结果）
情绪 A23	T03 如果我们团队创意被否了，我们当时会有点小情绪，毕竟我们自认为我们的创意非常好（创意团队） T05 在创意展示时，我们会尽量争取，也会去打听谁来评定（创意评估）
评判标准 A24	T11 我们也不清楚，专家的评审标准是什么，有的时候真的不知道为什么上不了会（标准建立） T18 国家性的标准会更加完善；对于一些省级的和学校的项目，就不是很透明了（公开透明）
组织战略 A25	T06 与 IT 行业不同，一个新主意很快带来大效益，但制药行业的周期长，与生产效益的直接关系不明显，创新和绩效的效益延迟（行业性质） T13 我希望能多一些让我们去大胆尝试的空间，但领导（二部总监）要求我们无论如何严格按照进度计划推进项目（企业长短期战略）
创新资源 A26	T11 我们资金有限，不可能都支持的（资金支持） T17 我们更倾向于集中精力，把握当前的优势，注重企业未来更加长远的发展（可持续性资源优势）
风险容忍度 A27	T25 我们（研发二部）每个月有一个研发之星的评选，评选标准不局限于技术，包括员工身上很多方面的品质，都可以考虑进来（自由创新氛围） T19 领导者会更加保守一些，选择风险较小的项目（风险偏好）

续表

范畴	原始资料语句（初始概念）
创新目标 A28	T31 我们希望进行一些技术性创新，更加长远（技术创新） T06 技术人员追求个人成就感，做实验有科研成果，比如写论文、申请专利等，企业领导追求市场价值（科研与应用）
产品创新 A29	T19 领导更加看中市场价值，市场产品方面创新，但是本身医疗行业的收益期就很长（创新周期）
流程创新 A30	T06 我们也会在流程方面进行改进，缩进产品生产周期，提高创新效率（改善流程） T21 产品创新和制造流程改善，我们都会强调（两者兼治）
激励机制 A31	T13 研发要以成果为导向，但也要考虑与销售、生产职能的区别，考虑研发人员的挫折感。不能太公式化，可以考虑以过程为导向，走在节点前面，有所激励（物质与精神激励） T11 目前对研发的激励缺少制度、缺少办法，与其他部门没有区别，创造更多的是靠职业素养（制度）
平衡机制 A32	T10 要了解市场需求，结合学术理论，找到平衡点。医院不知道你想干什么，要自己拿思路，并让医院接受（科研与市场、多元性）

②主轴编码。其主要任务是发现和建立概念类属之间的各种联系。通过分析，各个不同范畴在概念层次上确实存在内在联结，根据不同范畴之间的相互关系和逻辑次序，对其进行了重新归类，共归纳出 6 个主范畴，具体如表 6.2 所示。

表 6.2　　　　　　　　　　　　　主轴编码

类别	主范畴	对应范畴	范畴的内涵
知识领地与创新的关键因素和行为	领地主体（创意参与者）B1	个性特征 A1	团队成员知识的开放性、主动性人格、合作性
		动机 A2	内在动机、外部动机、多种需求
		知识结构 A3	知识多元化、创意数量、创意质量
		角色认同 A4	组织文化认同、团队价值观认同
		心理所有权 A5	个体与团队的知识边界、知识共享
		知识/技能/专长 A8	知识深度、知识宽度
		权利地位 A9	知识与权力、知识与利益

类别	主范畴	对应范畴	范畴的内涵
知识领地与创新的关键因素和行为	领地主体（创意参与者）B1	创新自我效能感 A10	自信心、失败心理
		思维模式 A22	创新过程、创新结果
		情绪 A23	创意团队、创意评估组、创意决策组
		风险容忍度 A27	风险偏好、自由创新氛围
	领地客体 B2	知识源 A6	外部知识、内部知识
		知识特征 A7	显性知识、隐性知识
	领地行为 B3	团队内防卫行为 A11	个体防卫、知识隐藏
		团队内标记行为 A12	物理边界、责任归属
		团队对外领地行为 A13	团队间知识的防卫与标记行为
	组织/团队情境 B4	领地氛围 A14	传承双方所拥有的知识广度和深度的差距
		团队领导 A15	领导领地行为、领导风格
		容错动态性 A16	容错程度、动态变化
		任务特征 A17	任务复杂性、任务重要性、任务关联性
		组织制度/规范 A18	创新文化、评判标准
		组织战略 A25	行业性质、企业长短期目标
		创新资源 A26	资金支持、可持续竞争优势
知识领地与创新的演化机制	演化过程 B5	互动机制 A15	团队信任、学习、反馈
		平衡机制 A13	个人与团队、市场与企业、权力与利益
		激励机制 A16	物质激励、精神激励
	创新结果 B6	产品创新 A21	市场价值、产品生命周期、产品迭代
		流程创新 A22	速度与效率

③选择性编码。选择性编码则是进一步系统地处理范畴与范畴之间的关联。从主范畴中挖掘"核心范畴"，分析核心范畴与主范畴及其他范畴的联结。本研究中科研团队知识领地与创新关系结构及受访者的代表性语句，具体如表 6.3 所示。

表 6.3   选择性编码

典型关系结构	关系结构的内涵	受访者的代表性语句
领地主体↔知识领地	已有的知识领地性赋予在广义的领地主体（创意团队、创意评估组、创意决策组）中；领地主体中的知识结构、思维模式，以及知识/技能/专长会形成新创意领地性与行为，相互影响	T03 创意评估组也是专家，我们也会全力引用专家的科研成果，尤其是国内的专家们，如果我们引用这个专业家的观点，但是不明确标示，那肯定是不行的
领地客体↔知识领地	知识源以及知识特征会决定领地性质，知识领地属性也会影响知识特征	T29 现在信息技术那么发达，我们需要与外界进行知识、信息的交流，不断创新
团队/组织情境→领地主体	领地氛围、领导风格、组织规范以及任务特征会影响到领地主体的行为	T25 我希望能多一些让我们去大胆尝试的空间，但领导（二部总监）要求我们无论如何严格按照进度计划推进项目
演化关系→领地主体	领地主体必然产生互动（学习、反馈和团队信任）、激励和平衡，三种机制会影响到领地主体的认知与行为	T11 目前对研发的激励缺少制度、缺少办法，与其他部门没有区别，创造更多的是靠职业素养
演化关系→创新结果	三种机制影响产品创新和流程创新，领地主体的创新目标不同	T19 领导更加看中市场价值，市场产品方面的创新，但是本身医疗行业的收益期就很长
创新结果→领地主体	创新结果会让领地主体形成对此次创新的反思、改善或进一步创新的依据	T31 我们希望进行一些技术性创新，更加长远
创新结果→团队/组织情境	创新结果会强化或弱化团队/组织情境	T27 事实证明，有些想法必须要尽量推广，否则就容易错失良机，经常会有一些团队会私下创新（创意越轨行为）

6.2.4 模型构建与阐释

基于以上典型关系结构，确定了"科研团队知识领地与创意实施的路径"这一核心范畴。以此为基础，本研究建构和发展出一个全新的行为理论构架，称之为"科研团队知识领地与创意实施的关系路径模型"，如图 6.1 所示。

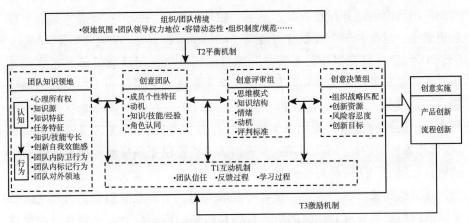

图 6.1　团队知识领地与创新的演化模型

科研创新团队是一个典型的知识型组织，是探索、保存和传播高深知识的场所之一。从知识领地和知识创造的视角，如果知识创新是科研创新团队的产品，那么团队所具有的知识即为科研创新团队生产的原材料，团队知识所有权无疑是可持续创新的动力源泉与核心竞争力。团队领地氛围、容错动态性、团队领导、任务特征、组织制度与规范等是团队知识领地对创意实施影响路径的重要情境因素。组织层面、团队层面以及个体层面的因素交织在一起，通过互动机制、激励机制和平衡机制的共同作用，使得团队知识领地对创意实施产生影响。

6.2.4.1　互动机制

在由创意产生→创意评审→创意实施过程中，互动机制始终存在。创意产生者、创意评审者以及创意决策者三方需要不断地进行反馈、建立信任关系以及不断地学习。访谈发现：

（1）在创意产生阶段中，团队成员的知识心理所有权、个体与团队特征、创意动机、创意自我效能感、任务特征、创意质量、以往创新成果、角色地位等均会对个体和团队的知识领地产生影响。这些因素既是知识领地行为的影响因素，也会影响到个体和团队的创意产生。团队创意通过团队互动机制协同个体创意而产生，团队内部互动机制包括团队成员间互动与团队成员与外部的互动，具体表现为：团队成员任务相互依赖性、团队沟通与学习方面。团队内的任务相互依赖性越强，团队成员间的知识互补要求越高，联系更紧密，越有利于个人创造力协同（Kazanjian et al.，2000；Chen and Kanfer，2006）。在具有信任关系和共同愿景的团队中，团队成员通过正式或非正式的沟通实现知识共享和整合，影响个人创造力协同进而实现团队创新绩效（柯江林等，2007）。任务相互依赖性取决于研发团队内外的具体工作性质和工作流程的衔接，而团队沟通与学习方式受团队领地氛围的影响很大（霍伟伟等，2019）。团队互动机制为团队成员提供更多接触专属和隐性知识的机会，增加团队成员对各自技能与知识的了解，团队成员也能通过互动过程，寻求到相关领域的专家，整合与获取知识，从而激发创造力。反之，如果团队内部成员表现为较高的防卫行为和较高的标记行为时，容易引起团队成员信任度较低，不利于创意实施（Li et al.，2020）。

（2）由创意产生到创意评审过程中，团队带头人或领导不一定是创意评审者。创意评审者或评审小组的思维模式、认知结构、知识结构、情绪、风险容忍度以及评审标准与机制会影响到创意是否被实施，此时创意团队更加需要注重知识积累、知识关联度、知识创新的可行性，通过以往的知识产权、专利数量等科研成果呈现给评审者或评审小组。谷歌（Google）员工在推广创意时，一是通过全员 TGIF 大会，将创意与资源优势相结合，包括企业的战略、资源情况及最新的产品和决策信息；二是通过 OKR 考核系统进行信息公开，在共享和宣传创意的过程中，让决策者看到创意在组织中的影响力，以提高他们的采纳意愿[①]。创意推广时，创意产生者与创意评审者、团队外部成员进行双方互动，特别是针对创意评估者和决策者，涉及认知信任和情感信任、结果反馈的客观性与公正性，以及创意质量的改进与完善。

（3）由创意评审到创意实施中，创意决策者会依据创意评审的结果进行综合考虑，决定哪种创意方案予以实施。在这个过程中，互动机制更加重要。苹果公司 CEO 库克（Cook，2014）认为，最难做的决定是"不做什么"。因为苹果团队的每个人都有一个意识，就是把产品做到世界最好，大家都会把精力集中在少数种类的产品上。实际上我们否掉了很多很棒的想法，所以苹果公司一直致力于将产品种类控制在一定范围内，然后针对每种产品做深入

---

① 华恒智信，HRsee. Google（谷歌）的员工激励案例［EB/OL］. HR 人力资源管理案例网，http：//www. hrsee. com/？id＝1078，2019.

研发，并实现这些产品之间的协同互联（钱颖一，2021）。既要与否决的创意生产者进行沟通互动，又需要让予以实施的创意得到组织以及各部门的支持与相互配合。此外，访谈发现，创意越轨行为呈现在团队中。团队在高层未知或未许可的情况下，进行未经授权的销售实践和努力（Augsdorfer，2012；Criscuolo et al.，2014）。

6.2.4.2　激励机制

创意被认可和采纳之后，还需要被转化为实际的创新绩效，即创新成果。学者们对创新绩效有不同的解释，分为广义创新绩效和狭义创新绩效，前者指新概念或新想法从产生到形成发明以及引入市场的整个过程，既包括创新的技术方面，也包括新产品投入市场方面的绩效；后者指企业将发明和创新引入市场的结果（Hagedoorn and Cloodt，2003）。此外，还有学者指出创新绩效包括产品创新和过程创新两种结果（Meeus and Oerlemans，2000；Alegre-and Chiva，2013）。访谈显示，团队带头人和领导者认为创意被采纳之后，会考虑到创新效能（创新的时效性）、知识再创新以及团队创新绩效等。企业高层领导会将创意项目进行产品化和市场化（Kannan-Narasimhan and Law-rence，2017），通过调整组织目标和考核体系，促进项目目标与组织目标的融合。创造力成分模型 AOM 认为，创新能力、创新机会和创新动机是创新的三大驱动因素（Amabile，1988）。团队和组织通过激励机制实现对个体和团队创造力的激发。激励机制包括物质激励和精神激励实现。团队创新成果作为奖励考核的指标，然而如何细分个体对团队的贡献度，是一个难点，针对个人的奖励倾向于激励个人产生新的创意，而对团队的奖励有利于创新的开展。外在激励很小的情况下，可能不足以激励员工采用创新行为，而外在激励很大的时候，有可能使员工对工作本身的兴趣降低而破坏员工的创造力。员工认可作为非物质激励并不花费多少成本却往往带来很大的激励作用，因为富有创造力的成员能够从团队领导或整个团队的认可中满足其尊重需求且获得成就感。晋升不仅带来更高的薪酬待遇且是职业发展中获得的认可。在绩效考评中需要确定多重指标，将创造力技能或成果作为晋升的考虑因素，有利于激发团队成员积累相关知识并以创造力发挥为努力目标。激励机制的科学合理性会影响下一阶段的团队创新。

6.2.4.3 平衡机制

在知识领地对创意实施过程中，平衡决策存在个体、团队以及组织中。首先，对于团队成员而言，需要对知识边界性进行认知，个体知识转化为团队知识，提升团队创意的数量和质量，实现知识资源共享。个体需要进行多方平衡决策：个体知识和团队知识的所有权、创意展现风险与利益、个体知识资源与组织资源分配等。对于团队而言，团队创意实施向团队绩效转化过程中，科研团队往往主动或自发地做出两类平衡决策：创意实施与资源效率的平衡，以及探索式创新与利用式创新的平衡（李鲜苗和徐振亭，2017）。商业盈利性作为企业研发活动的重要考量使研发团队面临时间和成本的压力，科研团队往往寻求能快速转化为生产力的创意，甚至可能一定程度上以创造力的放弃为代价来实现资源的有效利用。在创新绩效的贡献上，团队创意实施需要实现探索式创新和利用式创新的平衡，探索式创新目的是寻求新的可能性，强调获取和创造全新的知识，脱离现有的知识基础，因而与大幅度的激进的创新行为联系在一起。利用式创新的意图是对现状进行改进，强调以企业现有的知识基础为依托，对现有的知识进行提炼、整合、强化和改进，因此与小幅度的渐进的创新行为联系在一起（Janssen et al.，2006）。利用式创新和探索式创新对于团队绩效均有提升作用，前者提升短期的效率和有效性，后者增强长期的竞争力和效率。团队创意实施向团队绩效转化中的平衡机制由领导力、组织结构、工作设计、工作环境、问题解决方式等方面的特征所决定，具体而言，高质量的领导成员交换、有机式结构、个体整合至团队的工作方式、没有资源限制且具有挑战性的环境、直觉式问题解决方式更有利于创新。

6.2.5 研究结论与发现

通过此次以科研创新团队为研究对象，以质化的研究，探究知识领地对创意实施的路径机制。研究涉及知识领地创新主体、创新客体、组织/团队情境、创新结果和转化过程，对于具体内容进行如下阐述：

（1）在创新全过程中，团队知识领地涉及的主体包括创意团队、创意评审组、创意决策组。通过深度访谈后发现，三者的知识结构、知识心理所有权、创意动机、思维方式、角色地位等差异对创意的认知与评价存在不一致性。团队成员特征、领导行为、任务特征、组织氛围、社会网络等因素，以及诸因素之间的交互作用显著影响创意产生的过程和结果（Zhou and Hoever，2014；李艳和杨百寅，2016）。创意团队是团队等一线创造者，团队心理所有权是指个人将组织本身当作自己所有，这会使得个人对组织产生较强的责任感，促使组织成员对绩效结果承担责任，进而促成组织公民行为的产生，使员工在基于组织利益的基础上表现出更多的利他行为，进而有助于其与团队成员交流观点、信息和感情等，激发更多高质量的创意。因此，创意团队的知识领地行为会影响创意产生。创意评估组则是除此之外的其他利益相关者，如机构各层级主管、决策委员会成员、外部客户或目标消费者。创意决策组的核心任务是准确识别他人创意的潜在价值，从而引导组织创新的方向（Mueller et al.，2018）。创意评估和创意决策的过程与结果受到人际互动、部门利益等社会性因素的影响（李艳和杨百寅，2016）。尽管知识领地对评估组和决策组的影响并非像创意团队的显著，但是被访者表示，会以现有的知识积累、专利、团队知识构成等其他因素综合考虑，创意成否被认可与采纳。

（2）团队知识领地涉及的客体包括知识源、知识特征、任务特征。创意团队的核心在于利用创造性思维进行各种创意的生产，虽然并不是所有的初始想法或点子都能够发展成为高水平的创意方案（张庆普和张伟，2014），需要通过各种渠道或来源产生足够多的初始想法或点子，表现为知识的内部和外部来源。内部知识更多为团队成熟的知识经验或技能，整合成熟的知识和已有的经验有助于快速对常规问题做出反应，压缩时间和成本，提升效率（罗洪云和张庆普，2016）。技术突破过程往往会面临许多非常规问题，此时研发人员要"破旧立新"，即打破甚至批判过去的知识和认知框架，获取前沿知识来重构知识网络以解决非常规问题（Milosevic et al.，2018），外部知识源成为突破式创新的渠道之一。知识的内隐性、复杂性和模糊性等知识特征影响知识领地行为，知识越复杂、模糊越有价值。

（3）组织/团队情境是知识领地行为发生的外部心理感知，通过对团队领地氛围、团队领导权利地位的感知、任务特征、组织制度与文化、容错动态性影响领地行为的发生。领地氛围反映的是团队或组织层面有关领地性的特征，团队领地氛围能通过组织认同影响个体认知机制和情感承诺，进而对其行为产生影响（储小平和杨肖锋，2011；刘军等，2016；范雪灵等，

2018）。组织支持的创新氛围，一方面，将更有助于激发和提高员工的创新意愿，增强创新过程投入（Li et al.，2020），另一方面，降低员工对于创新风险的担忧（朱海等，2013）。研究发现，团队的心理安全可以弱化领地行为对知识创新的负向影响，团队领导是团队中的核心人物，其领地行为可能会带动整个团队的领地氛围（储小平和杨肖锋，2011；Promila and Elaine，2017；魏峰和马玉洁，2018）。因此，团队领导的领地行为会潜移默化地影响到整个团队。权利地位感知在团队成员和团队领导均存在。就团队成员而言，隐性知识构成了个体知识和地位权力的来源，一旦分享就会使得权力丧失（彭贺，2012；霍伟伟等，2018）。团队成员为加强对其自身资源领地的维护，相互间表现出较多的领地行为（魏峰和马玉洁，2018）。大部分人仍然无法摆脱"如果我告诉了你我知道的东西，我就吃亏了"的想法。作为团队领导，当绩效评价、晋升和薪酬是基于相对成绩，员工就会感觉分享知识将会降低个人成功机会。任务特征是影响员工创造性产出与组织创新过程的重要情境变量，组织通过改变任务互依性、任务惯例性这两类典型的任务特征，可以有效干预员工的工作结果。任务互依性是组织内成员为完成各自的工作任务所进行的互动与合作程度，反映了他们在工作中的相互关联性以及资源共享与分配的模式。任务惯例性是指组织成员以一种相对稳定不变或重复的方式开展工作的程度，惯例性程度高意味着工作任务可预测，并且容易采用标准化流程解决；反之，则代表工作任务要求频繁改变，需要创新的解决问题方式（霍伟伟等，2018）。

对于施乐（Xerox）在全世界的 25000 名一线服务技师来说，对汇集维修技巧的尤里卡数据库有所贡献是被认可为思想领袖的机会。让施乐遍布世界的服务代表知道是你为某个难题找到了解决方法，就是你的最大激励。在施乐，他们证明知识保守不再是权力，而分享知识的声誉变成了力量。[①] 容错动态性是一种基于个体兴趣提出的情绪动态性，旨在反映组织塑造试验和容错环境以激发员工工作兴趣的能力，具有组织层面情绪能力与情绪构面组织能力的双重属性（罗瑾琏等，2021）。容错动态性为群体成员提供了宽松的创新环境，降低了创新风险，增加了群体成员的创新安全感，得到领导支持，这促使员工无须担心创新失败，愿意提出更多创意。团队成员受组织制度与

---

① Goman C K，许建树. Five Reasons People Don't Tell What They Know, 2002.

规范、知识分享氛围等外部环境的影响，其行为较多倾向于遵循这些控制性因素或外部性因素。外部环境内化于组织成员的心理和行为，进而选择分享或隐藏知识（张宝生和张庆普，2017）。建立科学合理的激励制度、绩效评价标准以及授权和保密制度会引导与规范成员行为，减弱团队成员知识领地的负面行为。

（4）创新绩效的不同界定需要相匹配的测量方式，而测量结构也反映了创新绩效本身的含义。同时，在一个理论模型中，理解不同的自变量对于因变量的界定和测量至关重要，否则会容易产生测量偏差问题。对于创新绩效而言，不同的前因变量表明了不同的关系和理论逻辑，而测量方式的选择应当符合具体的情境。如果前因变量或者情境发生了改变，创新绩效的概念界定和测量结构都需要做出相应的调整。因此，创新绩效的定义和测量应该根据研究内容和理论框架而定，即明确具体的研究问题、自变量和其他相关变量以及具体的情境。本研究中，创新绩效是知识创新的必要内容，也是进行可持续创新的动力来源。有效创新、持续创新与突破创新成为科创型企业发展的关键。被访者表示，创新管理中较为重视产品创新与流程创新，前者是一种在产品领域体现产品更迭速率与服务质量的持续性创新，后者是一种在流程领域体现组织惯例革新程度与管理规则领先程度的阶段性创新。这两种创新绩效也符合创意采纳之后的结果考评和下一阶段创新。

（5）知识领地对创意实施的演化关系包括互动机制、激励机制和平衡机制。

①领地行为主体的信任关系、反馈与学习需要互动过程实现，并且信任、反馈和学习之间存在互为因果的关系。"凡百事之成也，必在敬之"，信任是沟通的前提，创意团队内部成员、创意团队、创意评审组以及创意决策组都需要相互之间建立信任关系，知识的保护程度降低，有利于知识的交流与探讨，在交流的过程中，对思维方式、认知、情绪动机、创新能力等方面了解的加深，有利于提升创意质量和创意实施的可能性。作为资源交换，员工共享领地的行为以及知识共享与转移的最终达成将得到组织的认可与鼓励，而不良的员工－组织关系将进一步加剧知识领地行为，导致员工与组织之间资源交换失败。这种物质奖励及情感支持与员工是否愿意突破知识领地边界形成了一种持续的动态博弈。领导者需要在物质奖励和精神奖励进行平衡。在采用最佳实践的所有公司中，保守信息以及不采纳别人意见都会酿成明显的

职业后果，有时候甚至是严重的后果。在美国管理系统公司（American Management Systems），通过指导同事、写作、帮助别人，以及教导年轻员工来发挥你的知识，能为你建立起世界级思想领袖的声誉，并能使你晋升为公司的合伙人。[①]

②创造力成分模型 AOM 认为，创新能力、创新机会和创新动机是创新的三大驱动因素（Amabile，1988）。团队和组织通过激励机制实现对个体和团队创造力的激发。激励机制包括物质激励和精神激励实现。团队创新成果作为奖励考核的指标，然而如何细分个体对团队的贡献度，是一个难点，针对个人的奖励倾向于激励个人产生新的创意，而对团队的奖励有利于创新的开展。在绩效考评中需要确定多重指标，将创造力技能或成果作为晋升的考虑因素，有利于激发团队成员积累相关知识并以创造力发挥为努力目标。激励机制的科学合理性会影响下一阶段的团队创新。

③多元平衡。对于知识领地主体而言，平衡机制贯穿于整个创新过程之中，在创意产生阶段，创意团队需要权衡个体知识和团队知识边界、知识分享风险、个体、团队成员与团队整体利益关系等；在创意评估阶段，创意评估组考虑风险与收益、利益相关者的权利与责任、可持续创新等；在创意实施阶段，决策者同样需要平衡创新资源，创新模式、企业创新战略以支持可持续创新。

除此之外，研究发现，在创新的评审环节阶段，评审者认为创意并非能为企业带来创新绩效，创意未被识别，抑或受时间或组织资源分配限制。员工在面对创意被否决后，是轻言放弃还是锲而不舍的困境。创意越轨行为发生在创意产生到创意实施过程之间（Mainemelis，2010；Baer，2012），由于创新过程的不确定性，创意越轨行为不一定产生创新成效，然而越轨行为使得员工可以通过非官方的方式，进一步探索或追寻已被拒绝的想法。创意越轨行为源于个体的创新自主性和组织的创新问责性之间的不一致性。为保证创新方案符合组织整体的创新需求，组织会建立一系列甄选和审核标准。对于一些不成熟或高风险的研发设想有可能被拒绝，但是并不代表这些创意没有价值（研发经费等限制）。因此，一部分研发人员便会违规私下继续开展他们认为对有价值的创新设想，并在时机成熟后再提交给组织决策层。另外，

---

① Goman C K，许建树. Five Reasons People Don't Tell What They Know，2002.

研发者也可以获得创新主张延迟公开的优势，增加创新设想被组织纳入正式研发计划的可能性（Mainemelis，2010；Garud et al.，2011；Criscuolo et al.，2014）。

调查显示，超过 80% 的企业都存在越轨创新行为（Augsdorfer，2012）。萨默奇和德拉克扎哈维（Somech and Drach-Zahavy，2013）调查了包括谷歌和苹果在内的数百家公司，指出只有不到 40% 的创意能在创新团队中有效实施。当员工无法通过正式渠道实现自己的创新目标时，他们可能会转向非正式的方式，利用越轨行为坚持自己的想法。鉴于创意失败的"消极属性"，造成了人们的偏见，忽略了被否定创意的内在价值。越轨创新者将面临更高的风险与压力（Globocnik and Salomo，2015；Liu，2012）。受创新资源、风险评估，以及制度规范的影响，员工、领导以及组织经常面临对已否决的创意是选择坚持还是放弃的现实困境。国务院常务会议讨论通过的《关于强化实施创新驱动发展战略进一步推进大众创业万众创新深入发展的意见》，将"双创"推向更大范围、更高层次、更深程度，在创新制度方面给予更有力的社会支持，社会要进步应当鼓励创新，宽容失败，加强风险意识，完善试错、容错、纠错、机制。

因此，未来可以以创新过程为理论基础，探究越轨创新行为在风险管理、效应评价，以及制度规范的研究，从而实现以创新为动力的经济高质量发展。

6.3　子研究二：知识领地与创意实施的准实验干预研究

6.3.1　引言

领地性行为可能发生在个体、团队、组织等多层面，减少个体领地行为的办法之一就是强化群体领地性（Avey et al.，2009a）。研究一中结论尽管没有显示高的领地氛围会增强领地行为组合对个体创意产生的正面影响，但这与布朗等提出的通过强化群里领地行为减弱个体领地行为的提议也不矛盾，需要平衡个体与组织中的领地性与领地行为。在第 4 章子研究二中，通过定性比较分析方法，研究结果呈现个体和团队层面领地行为对创意产生和创意实施存在差异性，需要考虑前因条件的组合效应，并有针对性的实施干预。第5章的研究表明，团队信息交换不仅对个体创意实施产生积极的促进作用，而且显著正向调节了团队知识领地与个体创意实施的关系；个体创意实施平均水平通过团队信任自下而上对团队创意实施产生积极影响。通过第6章子研究一的案例发现，知识领地对创意实施的演化关系包括互动机制、激励机制和平衡机制。阶段反馈、信任建设以及学习存在互为因果的关系链。

因此，本部分基于以上研究结论，以在校大学生为研究对象，通过准实验研究，将团队心理辅导方式，诸如，团队信任和团队信息交换，应用于个体和团队领地行为的干预研究中，并对每次干预进行量化实测与定性分析，以期从知识领地行为干预视角，促进创新全过程顺利实施。

6.3.2　研究方法与设计

6.3.2.1　研究对象

以安徽省某高校经管类的70名大学生为被试者，将量表进行编号，随机分发给被试，单号为实验组，双号为控制组，各35名，年龄范围为18～21岁。实验组：男生11人，女生24人，平均年龄为19.00±0.38岁。控制组：男生12人，女生23人，平均年龄为19.00±0.61岁。所有被试者都自愿参加本研究，且之前并未参加过类似研究。

6.3.2.2　准实验研究

实验法作为一种科学研究方法，不仅为自然科学领域的发展做出了巨大贡献，也在经济学、心理学和管理学等社会科学领域中得到了广泛的运用。实验法已成为当前社会学家们分析社会问题的重要手段。尽管如此，管理学实验在研究视角、参照系和分析工具方面又显著区别于其他社会科学领域的实验（方陈承和张建同，2018）。具体来说，管理学实验更侧重于综合运用多学科领域的理论知识，采用定性与定量相结合的方法，以管理活动的基本职能，即计划、组织、领导、控制为着眼点，探究个体、团队、群体以及组织中管理者与被管理者的决策和行为等内容。

准实验是指无法完全随机地处理实验对象时，运用原始群体，在较为自然的情况下进行实验的研究方法。无法在实验中完全随机地对实验对象进行选择和分组，只是尽可能接近随机。团体辅导是以团体为前提进行人际交互作用的心理辅导形式，领导者根据团体需要采用不同的干预方法，帮助成员更好地认识自我、接纳自我，调整人际关系、学习新的行为方式，或解决团体共有问题的一种辅导（樊富珉，2005）。

本研究采用准实验研究方法，结合团体辅导的相关研究，参考第 4 章和第 5 章的研究结果，根据被试者的特点，对被试者的团队信任、团队信息交换、领地行为进行干预，目的在于培养成员间的团队合作能力，在面对问题时加强合作，相互鼓励，共同完成任务，使成员感受到支持的力量，提高个体和团队的创新水平。

6.3.2.3 解释性案例研究

按照研究目的的不同，案例研究可以分为三种类型：解释性案例研究、描述性案例研究与探索性案例研究（Eisenhardt，1989）。解释性案例研究通常用于因果关系的探索，通过案例的多维信息来阐明某个问题的逻辑关系；描述性案例研究则在研究前就形成一个明确的理论导向，以此作为案例描述和分析的理论框架；探索性案例研究往往会超越已有的理论体系，运用新的视角、假设和方法来探索某种复杂现象，形成关于该现象的新知识和新理论。通过对已有文献以及第 4 章、第 5 章和第 6 章子研究一的分析和推演，本部分构建了"团队知识领地→团队信息交换（团队信任）→团队创意产生→下一阶段团队知识领地"这一动态演化路径，因而更适合解释性案例研究。

6.3.2.4 实验设计

本研究采用准实验设计，将被试者分为实验组和控制组，进行团队信任、团队信息交换、领地行为的团体干预。此次参与实验的有 36 人，为人力资源管理专业大二一个班级的本科生，由于人数较多，为避免影响干预效果，共分为 6 个小组，每组 6 人，3 个实验组，3 个控制组。实验组每周一次干预，每次 2 个小时，分 8 周进行。控制组在自然情境下发展，不做任何处理。本研究需要检验团队干预对创意产生影响，选择正在学习的《创新管理》课程，课程为 8 周。在"创新管理"课程上，教师会对学生的 6 组成员，安排团队创新作业，以此便于检验和比较知识领地、团队信任、团队信息交换以及创意产生的干预效果。

团体辅导共历时 8 周，由研究者充当主要领导者，并邀请参与过创新创业大赛的硕士研究生参与指导辅助。团体辅导开始前领导者向团队成员说明了团体辅导的内容与进度安排。团体活动安排在每个周末进行，结束后领导者会与团队成员进行交流并收集反馈信息。控制组在自然情境下发展，不进行任何干预。为保证实验的顺利进行和其团体参与积极性，本研究分别建立实验组微信群和控制组微信群，分别对实验组和控制组的被试者进行量表测量。追踪模型的研究设计需要将研究时点设为 T1，T2，……，Tn（$n \geq 2$），此次准实验共有 4 次数据采集，第 1 次数据采集（第一周结束后），获取团队信息、初始阶段的团队知识领地（S1）、初始阶段的团队信息交换和团队信任（D1）；第 2 次数据采集（第四周结束后），主要测量随后阶段的团队知识领地（S2）、团队信息交换和团队信任（D2）、团队创意产生（A1）；第 3 次数据采集（第八周结束后），主要了解后续阶段的团队知识领地（S3）、团队信息交换和团队信任（D3）及团队创意产生（A2）。第 4 次数据采集（第十二周结束后），主要了解追踪阶段的团队知识领地（S4）、团队信息交换和团队信任（D4）及团队创意产生（A3），并进行数据统计处理。

需要注意的是，团队辅导过程中，研究者充当领导者的角色至关重要，除了管理与控制好实验过程，还要真正担当起"领导者"的角色。团体领导者在实验过程中，应发挥积极引导的作用，做好"守门员"的角色，以及创新氛围的"营造者"，提供充满温暖、理解、尊重和安全的团体环境。暖身活动也是为了调动活动氛围，消除成员的不安全感，同时加强其信任感与凝聚力，构建和谐的团体关系。团体活动中鼓励成员发展积极的自我认知，探索自身潜能，做出积极的改变，结束前以赞美练习和相互鼓励的方式来提高成员的自信心和创新自我效能感；在团体活动过程中鼓励成员间的互动，建立积极的人际信任关系。

6.3.3　研究工具

6.3.3.1　团队干预方案

借鉴团体辅导的相关理论和刘畅（2018）的团队辅导方案进行改编。团体分为形成、过渡、成熟、结束 4 个过程。活动分 8 次进行，每周 1 次，需 2 小时左右。具体如表 6.4 所示。

表 6.4 **团体辅导大纲**

活动阶段	次数	活动名称	活动目标	活动内容	团体活动精神
建立阶段	第一次	缘聚你我	1. 成员初识，确立互动关系，发展信任感 2. 澄清团体目标、性质，建立基本规范 3. 制定成员规范	1. 构建团队 2. 设置团队名字 3. 相互认识 4. 总结此次，团队辅导的感受	团体目标和成员规范对成员起到约束作用；营造温馨和谐的团队氛围，减少成员进入陌生环境的不安全感
过渡阶段	第二次	相伴前行	1. 培养团队默契，增进互信基础 2. 加强团队合作，增加团队的信任感与满足感 3. 强化成员自我价值感	1. 热身活动：解开千千结 2. 领导给团队成员介绍团队协作中个体知识领地的反面和反面的案例 3. 让组员表达心声，在学习中，分享知识、技能、学习方式 4. 总结此次，团队辅导的感受	加强成员间的积极联结，建立稳定的团体关系和相互信任，为未来的合作奠定基础
工作阶段	第三次	认识自己	1. 鼓励成员探索和接纳自身特点，学会客观认识与评价自我，提高创新自我效能感 2. 鼓励成员主动表达，形成积极自我认知 3. 提升成员对外界人和事物的感受性	1. 热身活动：相互拍拍肩 2. 我了解自己吗 3. 我的自画像 4. 我是谁 5. 总结此次，团队辅导的感受	每个人身上都具有独特的潜能优势，提高自我认知能力，确立对自身能力的正确评价，从而实现自我肯定
	第四次	美好的我	1. 协助成员接纳、肯定自我，积极面对自我 2. 协助成员发掘并发挥自身潜能，提高一般自我效能感 3. 协助成员寻找自身成长与发展的各种可能性	1. 热身活动：天生我才 2. 领导对上两次的互动进行反馈，让团队成员认识到知识权利与利益 3. 重点介绍如何在团队中建立相互信任的方式和方法 4. 总结此次，团队辅导的感受	认知决定行为，通过对知识领地的认知影响团队内领地行为和团队外领地行为介绍，让团队成员懂得处理好在团队内成员以及团队间合作中，"知识的边界性"问题

活动阶段	次数	活动名称	活动目标	活动内容	团体活动精神
工作阶段	第五次	心灵相通	1. 帮助成员学习并掌握交往技巧，学会进行有效互动 2. 帮助成员解决困惑，强调成员间的支持与鼓励 3. 引导成员思考怎样从他人经验中得到学习成长	1. **热身活动：集思广益** 2. 领导者对知识领地进行简单的巩固 3. 以创新为主题，布置团队作业 4. 总结此次，团队辅导的感受	在团体协作和人际交往过程中建立相互信任以及相互之间信息、知识交换，让团队成员学会主动寻求外界的支持与帮助，更好地激发个人创新潜能
	第六次	心灵之旅	1. 帮助成员认识了自我价值和团队价值 2. 帮助团队成员培养创新型思维，即立足于创意产生者、创意评估以及创意采纳者 3. 培养成员接纳他人观点的能力以及评判创新风险的容忍度	1. **热身活动：放松训练** 2. 领导对上次作业进行检查，让成员进行分享，并由其他团队相互点评。训练团队成员害怕自己的创意"被嘲笑"的心理 3. 布置创新主题作业 4. 总结此次，团队辅导的感受	创造性的突破经常发生在思想的融合与碰撞中。消除对思想自由流动的阻碍变得极为重要。同时，当团队可以提出一些"愚蠢"的问题，可以挑战规则，可以提出新奇的甚至是怪诞的建议时，知识分享就成为融合不同意见与专业知识、却有着共同目标的创造性过程
	第七次	快乐细胞	1. 让团队成员正确看待个体面对差序式领导，个人如何应对，培养个体积极心理与认知方式 2. 引导成员培养积极情绪和情感	1. **热身活动：鸡同鸭讲** 2. 领导对上次的作业进行检查，让成员进行分享，领导更多做出负面评价 3. 总结此次，团队辅导的感受	通过反面性教辅，帮助个体培养积极乐观的态度，寻找外部支持，减少不良情绪的发生，肯定自我，形成团队信任
	第八次	共同梦想	1. 交流整理团体活动中的积极经验 2. 彼此支持鼓励，并将这种情感带到日常学习与生活中	1. **热身活动：我们大家都来说** 2. 整体回顾与笑迎未来 3. 总结此次，团队辅导的感受	将能量聚焦未来，培养团队信任与合作

6.3.3.2 个体知识领地行为

为保持与实证研究的一致性，同样采纳布朗等（Brown et al.，2015）和埃维等（Avey et al.，2009a）的量表基础上，针对大学生进行了调整，其中，标记行为有 8 个题项、防卫行为有 7 个题项。诸如，"我会展示获得的奖状、荣誉称号，作为分享知识的一种途径""当我的知识被大家认可和尊重时，我倾向于分享经验、技能""在团队中，有必要保护自己的知识和技术免得他人盗用""当我发现我的技术和知识被盗用时，我会对盗用者不信任"等。该量表的 Cronbach's α 系数分别为 0.787 和 0.823。

6.3.3.3 团队知识领地行为

借鉴刘军等（2016）针对中国情境下开发的 4 个题项量表。针对大学生进行了调整，测量题项包括"我们会有意无意跟其他小组/团队之间划清界限""对待来自其他小组/团队的同学，我们高度戒备""别的小组/团队的事，我们能不管就不管""如果老师要求我们小组/团队和其他小组/团队合作，我们尽可能敷衍了事"等。该量表的 Cronbach's α 系数分别为 0.775 和 0.789，具有良好的信度。

6.3.3.4 团队信任

借鉴采用德容和埃尔弗林（Jong and Elfring，2010）开发的共 5 个题项，针对大学生进行了调整。例如，"在工作中遇到困难时，我相信我都能得到同学的协助""我相信大部分的团队成员在任务上能言行一致"等。该量表的 Cronbach's α 系数为 0.794。

6.3.3.5 团队信息交换

借鉴采用苏布拉马尼亚姆和扬特（Subramaniam and Youndt，2005）开发的共 5 个题项，针对大学生进行了调整。例如，"我与团队同学交流信息，并向他们学习""我与不同小组/团队的同学交往，并交流看法""我与同学们合作（交流信息与知识）来分析和解决问题""我从其他同事那里学到知识和经验，并将它们应用到本团队出现的问题和机遇上"。该量表的 Cronbach's α 系数为 0.735。

6.3.3.6 团队创意产生

借鉴茜恩和周（Shin and Zhou 2007）开发的 3 个题项，老师评定创意产生情况，例如，"团队提出了存在着明显差异的想法""团队提出了突破性的想法"等。该量表的 Cronbach's α 系数为 0.881。

6.3.4 数据分析

6.3.4.1 实验组与控制组在知识领地、团队信任、团队信息交换和创意产生前测差异比较

在团体辅导的干预处理之前，本研究对实验组和控制组被试在知识领地、团队信任、团队信息交换和创意产生量表的前测得分上进行同质性检验，以保证后续实验结果的有效性。

由表6.5实验组和控制组的同质性独立样本 T 检验可见，即差异不具有统计学意义。因此，实验组和对照组的被试具有同质性，可以在此基础上进行干预和两组之间的比较。

表6.5 　　　　　　　　　　实验组和控制组同质性独立样本 T 检验

变量	实验组		控制组		T 值	p 值
	平均值	标准差	平均值	标准差		
个体知识领地 S1	2.117	0.398	2.232	0.412	1.511	0.131
团队知识领地 S1	3.511	0.592	3.812	0.584	−0.127	0.896
团队信任 D1	4.337	0.873	3.788	0.671	1.302	0.165
团队信息交换 D1	3.983	0.574	4.132	0.712	−0.367	0.679
团队创意产生 A1	2.561	0.661	2.512	0.599	0.695	0.511

6.3.4.2 实验组在知识领地、团队信任、团队信息交换和创意产生前、后测差异比较

将实验组团辅结束后的即时测量结果与前测进行比较，以判断实验组的前、后测差异是否显著，结果如表6.6所示。

表6.6 　　　　　　　　　　实验组前、后测比较

变量	前测 S1-D1-A1		后测 S2-D2-A2		T 值	p 值
	平均值	标准差	平均值	标准差		
个体知识领地	2.117	0.398	2.012	0.426	3.994 **	0.000

续表

变量	前测 S1-D1-A1		后测 S2-D2-A2		T 值	p 值
	平均值	标准差	平均值	标准差		
团队知识领地	3.511	0.592	3.624	0.813	3.316 **	0.000
团队信任	4.337	0.873	4.890	0.997	6.926 **	0.000
团队信息交换	3.983	0.574	4.272	0.691	1.712	0.103
团队创意产生	2.561	0.661	3.304	0.798	6.355 **	0.000

注：* 表示 p < 0.05、** 表示 p < 0.01。

在团队知识领地、团队信任和创意产生上，实验组的后测得分显著高于前测；在个体知识领地上，实验组的前测得分显著高于后测；而在团队信息交换上，实验组的前后测差异不明显。

6.3.4.3 控制组在知识领地、团队信任、团队信息交换和创意产生前、后测差异比较

控制组在个体知识领地、团队知识领地、团队信任、团队信息交换和创意产生上，控制组的前、后测得分不存在显著差异，如表 6.7 所示。说明控制组在不进行任何干预处理的自然情境下发展，其知识领地、团队信任、团队信息交换和创意产生没有明显变化。

表 6.7 控制组前、后测比较

变量	前测 S1-D1-A1		后测 S2-D2-A2		T 值	p 值
	平均值	标准差	平均值	标准差		
个体知识领地	2.232	0.412	2.118	0.461	0.912	0.057
团队知识领地	3.812	0.584	4.113	0.796	1.141	0.263
团队信任	3.788	0.671	3.928	0.559	0.662	0.514
团队信息交换	4.132	0.712	4.370	0.897	1.512	0.127
团队创意产生	2.812	0.599	2.311	0.623	1.231	0.167

6.3.4.4 实验组与控制组在知识领地、团队信任、团队信息交换和创意产生后测差异比较

实验组个体知识领地和团队知识领地的后测得分显著低于控制组；在团队信任和创意产生方面得分显著高于控制组。说明实验组对知识领地和团队信任的干预效果显著，创意产生也有显著提高，团队信息交换没有明显差别，如表6.8所示。

表6.8　　　　　　　　　　　实验组和控制组后测比较

变量	实验组		控制组		T 值	p 值
	平均值	标准差	平均值	标准差		
个体知识领地 S2	2.012	0.426	2.118	0.461	2.114 *	0.021
团队知识领地 S2	3.624	0.813	4.113	0.796	3.863 **	0.000
团队信任 D2	4.890	0.997	3.928	0.559	9.832 **	0.000
团队信息交换 D2	4.272	0.691	4.370	0.897	1.112	0.062
团队创意产生 A2	3.304	0.798	2.311	0.623	10.016 **	0.000

注：* 表示 p<0.05、** 表示 p<0.01。

6.3.4.5 实验组与控制组在知识领地、团队信任、团队信息交换和创意产生的追踪测量比较

为检验干预效果的持续性，对两组被试进行追踪测量。两组成员在个体知识领地、团队知识领地、团队信任和创意产生上仍有显著差异。而在团队信息交换方面的差异不明显。说明本次团体辅导在削弱知识领地和提高团队信任与创意产生方面存在持续的辅导效果，如表6.9所示。

表6.9　　　　　　　　　　　实验组和控制组的追踪比较

变量	实验组		控制组		T 值	p 值
	平均值	标准差	平均值	标准差		
个体知识领地 S3	2.013	0.417	2.521	0.369	0.711 *	0.010

续表

变量	实验组		控制组		T 值	p 值
	平均值	标准差	平均值	标准差		
团队知识领地 S3	3.724	0.798	4.010	1.001	2.454 *	0.019
团队信任 D3	4.913	0.567	3.677	0.531	11.634 **	0.000
团队信息交换 D3	4.064	0.712	4.232	0.656	1.032	0.294
团队创意产生 A3	3.113	0.591	2.354	0.612	8.341 **	0.000

注：* 表示 $p < 0.05$、** 表示 $p < 0.01$。

6.3.4.6 实验组与控制组在知识领地、团队信任、团队信息交换和创意产生在不同时点的差异比较

为了进一步探讨两组被试在不同时间点上的知识领地、团队信任、团队信息交换和创意产生是否存在差异以及存在何种差异，研究者将实验组和控制组在干预前、干预结束后和干预结束 4 周后得到的数据进行分析，探讨其是否存在显著性差异。将实验组前测、后测和追踪后测得到的数据比较后发现（见表 6.10）：除个体知识领地，被试的团队知识领地、团队信任、团队信息交换和创意产生在三个时间点的得分均存在差异。进行事后分析发现，实验组成员在追踪测量上，团队信息交换和创意产生得分均小于后测得分，即实验组成员的一般团队信息交换和创意产生相比之前有所回落，但仍高于团体干预前得分。总体来讲，团体干预效果持续有效。

表 6.10　　　　　　　　实验组不同时点的差异比较

变量	前测 S1-D1-A1		后测 S2-D2-A2		追踪 S3-D3-A3		F 值
	平均值	标准差	平均值	标准差	平均值	标准差	
个体知识领地	2.117	0.398	2.012	0.426	2.013	0.417	0.110
团队知识领地	3.511	0.592	3.624	0.813	3.724	0.798	3.121 *
团队信任	4.337	0.873	4.890	0.997	4.913	0.567	7.393 **
团队信息交换	3.983	0.574	4.272	0.691	4.064	0.712	3.275 *
团队创意产生	2.561	0.661	3.304	0.798	3.113	0.591	13.974 **

注：* 表示 $p < 0.05$、** 表示 $p < 0.01$。

将控制组前测、即时后测和追踪后测得到的数据进行比较（见表6.11），结果表明：被试的知识领地、团队信任、团队信息交换和创意产生在这三个时间段上差异不明显，即控制组的知识领地、团队信任、团队信息交换较为平稳，其创意产生也没有较大波动。

表6.11 控制组不同时点的差异比较

变量	前测 S1-D1-A1		后测 S2-D2-A2		追踪 S3-D3-A3		F 值
	平均值	标准差	平均值	标准差	平均值	标准差	
个体知识领地	2.232	0.412	2.118	0.461	2.521	0.369	2.112
团队知识领地	3.812	0.584	4.113	0.796	4.010	1.001	1.141
团队信任	3.788	0.671	3.928	0.559	3.677	0.531	0.590
团队信息交换	4.132	0.712	4.370	0.897	4.232	0.656	1.321
团队创意产生	2.512	0.599	2.311	0.623	2.354	0.612	0.732

6.3.5　动态分析

王和张（Wang and Zhang，2005）在结合生态系统中主体动态演化规律的基础上提出了更具推广性的 ASD 框架。ASD 动态分析框架的核心思想是"适应→选择→发展"理论可以解释生态系统中行动主体和环境之间的动态匹配过程，且这一过程循环往复；同时，为了适应环境，行动主体首先选择合适的策略和行为，从而获得进一步发展和提升的条件，在具备发展的条件之后，行为主体能够展现出积极的状态；且在实现第一阶段的适应基础上，主体需要评估环境的变化并做出新一轮的再选择。

本研究发现，实验组团队成员通过人机互动建立了团队信任，表现在更高效学习、团队信息交换，团队产生更多的创意和解决问题的办法。这些变化正是伴随着个体、团队辅导与情境因素在"适应－选择－发展"（ASD）交互作用下进行的。因此，按照被访者对于其所在团队的发展情况、情景因素—管理策略和应对措施的选择（S阶段）—发展演进和提升的条件（D阶段）—实现更高水平上的适应（A阶段）的理论路径和逻辑递进关系。为了更深入的阐释"团队知识领地→团队信息交换（团队信任）→团队创意产生→下一阶段团队知识领地",本部分采用 ASD 动态分析框架探究这一作用路径的内在演化机制,如图 6.2 所示。

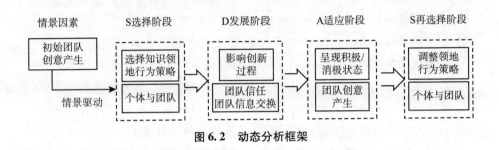

图 6.2 动态分析框架

6.3.5.1 实验组团队的 ASD 阶段分析

针对 3 组实验团队,共有 4 次数据采集。3 组实验的团队成员通过《创新管理》课程以及团队辅导,任务的完成情况进行反馈。

(1) T1:初始循环阶段(S1→D1→A1)。

3 组团队成员均表示期初团队成员之间相互之间只是正常的同学关系,尽管老师分配了团队任务,团队自主选择第一项团队任务(A:非工作时间连通行为对学习行为的影响;B:大学生参与创新竞赛的影响因素),但是团队成员彼此性格与知识专长不了解,信任度一般。

实验组团队成员的反馈:在第一周团队辅导课程中,建立自己的团队名称以及大家之间的互相认识,产生团队归属感,通过团队成员的讨论之后,选择团队任务,后续将任务具体分配每位成员中,并按照时间节点制定课后的合作与讨论。

实验组一成员:"老师让我们自行选择团队任务,我们小组 6 个人当天晚上就开始讨论了,我以前曾经参与过学校的创新创业大赛,也认识学校不同年级的同学,如果需要寻找案例或进行本校数据调研,选择第 2 个任务,我个人觉得比较合适。我也会在后续的任务中,全力以赴,主动承担工作任务,帮助我们团队其他成员。后来,我将我的想法说出来之后,我们团队都表示支持我的想法。"

实验组二成员:"因为我是团队中担任班级的学习委员,所以我们团队成员之间对我的信任度比较高的,我主要是充当协调的工作，先鼓励我们团队成员把自己的想法说出来，然后，我们再选择进行哪一项任务，后来选择了任务1，是有关非工作时间对大学生学习行为的影响，一致同意之后，我们就很自然的安排各自的任务了，并且2周之后，找一个时间大家将资料整合一下。"

实验组三成员："我们团队成员没有单独找个时间进行讨论，只是通过微信群中互动，确定了我们的任务，不过我们也知道另外两个团队分别选择了任务1和任务2，所以对于我们团队来说，不管选择哪一个任务，我们都会和其中一个团队做比较的。此时，我们团队也认真分析了我们的SWOT，最终选择了任务1。"

在第一阶段的反馈和数据调研之后，《创新管理》的任课教师通过团队任务的完成情况，进行了打分（第四周），作为第一阶段的团队创意产生评估。依据数据分析和反馈信息，结果发现，在初始循环阶段，实验团队在信任的分数最高，为4.337，个体的知识领地行为分数最低，为2.117，团队创意产生均值一般，为2.561，表明，相比较控制组而言，团队辅导的干预开始产生影响，除了团队信息交换不显著之外，其他测量变量均有显著性差异。

（2）随后循环阶段（S2→D2→A2）。

随着团队辅导的继续进行，研究继续展开第2次数据采集以及创新任务的安排。依据ASD动态演化框架，环境和行为主体的交互作用是动态变化的，因而在实现初始阶段的"适应"（A1）后，团队成员需要评估上一阶段团队任务的完成的整体情况以及团队成员的相互配合，并据此作为线索，影响随后阶段的决策或任务。因此，在经历初始阶段的适应"适应"之后，团队成员需做出新一轮的领地行为策略选择（S2）。来自较高的团队创意产生水平（教师对团队创意评估）能够给团队成员带来较高的成就感，团队内多数成员会依据"正强化"原则，增强团队成员的信息交换和团队信任，选择并持续先前领地行为策略，以期下一阶段产生更好的积极影响。

由于团队内多数成员持续上一阶段的行为惯性，益于营造积极的团队创新和学习氛围，便于团队成员主动学习和分享更多的知识和技能，提出新的解决办法。

实验组一成员："老师上次就我们项目的进展情况做了点评，确实我们团队有一些地方考虑不周，比如在问卷设计上，不够严谨。因为没有做过类似的关于学术性的研究，对于问卷的信度和效度不能理解。还好我们团队成员都非常给力，在网上找了很多资料，然后 3 次碰面分享、学习与讨论。不管结果如何，我们这次团队合作得非常开心，也学会了很多新知识。"

实验组二成员："老师在课堂上点名我们团队成员，说我们团队很努力，我们更加有信心了，而且老师说了，会给我们在平时分上加分，真的是太开心了。尽管这个想法是我提出来得，但是团队成员配合得非常好，我也向老师进行了说明（PPT 上明确标注了成员各自的任务）。因为学习委员在我们团队中，我们成员就比较老实，应该按照学术的方式做完这项任务。包括，上中国知网，请教学姐学长的经验等，为了完成此次任务，我们基本上每一周都要开 2~3 次会议，深度讨论。"

实验组三成员："我们团队成员中途出现了一点状况，大概就在第 2 周的时候，有一个成员一直没有任何的动静，也不告诉我们他在做什么，好像只是'打酱油'，我们也不说他，后来老师在课堂上，提到了创业团队合作的负面性案例，可能起到了'警示'的作用。这位团队成员就慢慢变得好很多了，我们也在规定的时间内完成各自预先设定的任务。不管是团队辅导还是《创新管理》老师的警示，团队成员的信任、信息的分享是非常重要的，大家需要把自己的想法说出来，一起努力。"

当实验进行到此阶段时，团队成员对团队任务有了更深得理解，目标明确。在相互合作的基础上，团队成员个体的知识领地水平有所下降，均值为 2.012（前测为 2.117），团队对外的领地行为有所上升，均值为 3.624（前测为 3.511），团队的信任水平有了显著上升，均值为 4.890，接近于 5，团队创意产生（第八周）也显著上升，均值为 3.304（前测为 2.561）。这表明，当循环进入此阶段时，较高的团队创意产生会促使团队成员个体的知识领地行为下降，团队对外的知识领地上升，团队成员的信任显著上升，最终期待提升下一阶段团队创意水平。

6.3.5.2 随后阶段效果强化的追踪分析

通过以上分析发现：在初始阶段，团队的建立有助于培养团队成员的归属与认同，较高的团队信任和团队信息交换会促使更多团队创意的产生；进入随后阶段，持续增强的行为惯例，包括领地行为、团队信任以及信息交换会进一步提升团队创意产生，表现"正强化"。

实验组一成员："我们团队相处都比较融洽，虽然《创新管理》的课程结束了，但是大家都在一个班级，在上其他课程的时候，其他老师也会要求我们自由组合团队，不自觉的我们就容易想到团队中的成员，应该是上次合作的比较愉快，大家的信任度比较高吧，所以，感觉通过团队辅导的训练还是非常好的，对我们学习和其他团队合作都会有帮助。"

实验组二成员："结束之后，我们团队在一起讨论的机会并不多了，但是，私下里（个人之间），还是有联系的。比如，之前我只是参与学长的校创新长夜大赛，自己没有主持过。通过这次团队合作，我感觉 A 同学，无论在性格，还是个人能力方面，都非常优秀，我也愿意将一些想法与 A 同学交流，他也会给我提出有价值的建议。大家都比较信得过，所以，这次学校的技能竞赛，我就申请作为主持者，邀请 A 同学参与，他就非常仗义地表示支持我。我们对比赛取得好的成绩非常有信心。"

实验组三成员："我非常有幸参与团队辅导的学习，收获很多，不仅学习到了有关理论书本的知识，更是懂得了团队合作中，如何与团队成员建立信任关系、更好地学会如何与他人沟通。我之前相对来说，性格比较内向，遇到问题不太喜欢告诉别人，问题喜欢自己解决，实在解决不了，就不理睬了。但是经过这次参与团队活动之后，我的思绪一下子被打开了。大家相互信任，集思广益，一起出谋划策，解决问题的效率就非常高。我们这次团队的最终成绩排名第一。所以，有努力就会有回报的，踏入工作岗位，更是需要团队合作，我也会在以后的学习期间内，更加努力的。"

以往的研究中，龚等（Gong et al.，2013）对团队目标取向与创造力进行了跨层次的研究，发现团队学习取向通过团队学习对团队创造力产生了积极影响，在本研究中，大学生这一群体擅长于学习行为，通过团队辅导以及教师任务反馈，推动学生的积极性行为，形成知识领地→团队信任、团队信息交换→团队创意产生的动态演化关系。

基于以上分析，本研究认为：在团队辅导干预的情况下（实验组），较高的团队知识领地行为促使较高的团队创意产生，原因在于，团队知识领地能够营造团队归属感，形成较高的团队信任，增强团队成员之间的交流和合作，愿意分享知识、信息或技能，进而激发团队创意产生。相反，在没有团队辅导干预的情况下，初始团队创意水平较低的情况下（控制组），这会挫伤团队成员的积极性与参与度，导致团队成员降低学习与知识分享，进而产生非积极性行为。在这种情况下，团队个体的知识领地行为越高，则越会降低团队成员的互动交流和合作，最终不利于下一阶段团队创意产生。具体的动态演化过程如图 6.3 所示。

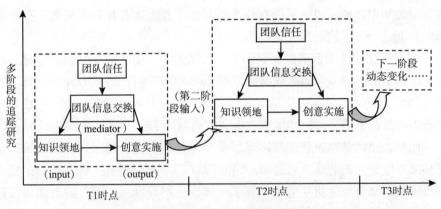

图 6.3　实验组 ASD 动态演化路径分析

6.3.6　研究结论

6.3.6.1　团队干预对大学生知识领地、团队信任、团队信息交换的即时和追踪效果分析

干预前，将实验组和控制组的知识领地、团队信任、团队信息交换进行了同质性检验，结果表明两组被试的知识领地、团队信任、团队信息交换无显著差异。主要原因在于，准实验开始前，对被试对象在人口统计学、专业背景等方面选择保持一致，防止干扰实验，也是干预的前提假设，便于后续进行对比研究。通过对大学生知识领地、团队信任、团队信息交换的前测分析结果也显示，实验组和控制组是不存在显著差异的。

在干预研究中，控制组在自然情境下发展，实验组进行为期 8 周的团体干预。团体干预结束后，对实验组和控制组成员的对大学生知识领地、团队信任、团队信息交换再次测量。研究结果表明，实验组成员在干预后，其团队知识领地和团队信任得分显著高于前测得分，个体知识领地得分显著低于前测得分，前、后测得分存在显著差异，团队信息交换的前、后测得分不存在显著差异；控制组的前、后测差异不显著，说明此次团体干预有效。对实验组和控制组进行追踪测量，研究结果表明，两组成员在个体知识领地、团队知识领地和团队信任仍有显著差异；在团队信息交换方面的差异仍不显著。说明团队干预在知识领地、团队信任方面持续有效。因此，通过团体干预，大学生的知识领地、团队信任有显著差异，干预方案设计是有效的。分析其原因如下：

（1）本次团体干预围绕知识领地、团队信任、团队信息交换的主题，团体 8 次活动的组织，为团队成员的情感培养和相互信任提供合作的基础。其次，"解开千千结""集思广益"等团体活动，以及每次活动结束后的成员间进行团队反馈总结，帮助团队成员形成"自我"和"他人"的角色认同。

此外，团体活动主题也都体现了对个体知识领地、团队知识领地团队信任和团队信息交换的认知与运用，"相伴前行""心心相通"等活动帮助成员形成团队相互合作、相互信任，寻求外部支持与帮助，让团队成员懂得人际交往，增强团队成员角色认同和团队归属感；"认知自己""美好的我"等活动帮助团队成员提高自我认知能力，确立对自身能力的正确评价，从而实现自我肯定。通过对知识领地的认知影响团队内领地行为和团队外领地行为介绍，让团队成员懂得处理好在团队内成员以及团队间合作中"知识的边界性"问题。"心灵之旅"帮助成员消除或减少害怕坏结果的心理。

（2）团体辅导活动的成功需要领导者的带领和成员的积极配合与参与。教师在团体活动的过程中，作为"领导者"带领团队成员进行活动外，也会通过典型案例向团队成员介绍心理学、组织行为学、社会学等方面的知识。比如，与成员分享积极心理学、人际关系学等。带领团队进行放松练习，进行正念方面的训练，学会调试心理状态，这些知识的学习可以应用到未来个人和团队中。本研究中，虽然在团体辅导过程中由于不可控因素存在成员流失现象，同时也存在部分活动成员参与度不高的现象，但大部分成员都能够积极参与团体活动，听取领导者的意见，积极配合，完成家庭作业。同时领导者在每次干预过后也会进行反思与方案修改，与有过相关经验的其他研究者进行交流，寻求指导。二者的共同努力使干预效果达到了最佳水平。

（3）本研究团体辅导活动方案的活动内容更具趣味性，活动内容丰富，不仅包括文字、绘画和语言探讨等内容，还有身体运动等参与性极强的活动，与大学生性格特质较为匹配。同时，领导者营造了积极的团体创新氛围，成员间相互支持与信任，有利于团队之间协作，激发创新性思维，促进团队整体创新效能的提高。

研究结果也发现实验组的前、后测在团队信息交换方面不存在显著差异。笔者认为其原因可能是：本次团体辅导活动在校园进行，团队成员的专业背景一致，知识的多元化不明显，因此信息交换方面不多，干预效果不明显；而实验组不同时点进行对比，研究结果表明，团队信息交换有显著差异，因此，未来还需要考虑在团队合作中，时间的考量。在团体辅导结束四周后，实验组在此时点的个体知识领地稍微上升，与后测时点相比，差异性变化甚小。分析其原因包括：实验组团体干预后的测量结果显示，个体知识领地较之前有显著下降。团体辅导的结束对部分大学生来说意味着团体的解散。随着时间的推移，这种感受会更加明显，如果团队不存在或不强化团队认同感，就会增强个体知识领地行为。

6.3.6.2 团队干预对大学生团队创意产生的即时和追踪效果分析

本研究的干预方案通过团队干预大学生的知识领地、团队信任、团队信息交换，进而影响团队创意产生。研究发现，实验组和控制组在干预前创意产生不存在显示差异。进行实验处理后，发现实验组前、后测得分存在显著性差异，而控制组前、后测得分差异不明显；实验组的后测得分明显高于控制组，即实验组的创意产生明显提高；在四周后进行追踪测量时，创意产生虽有回落，但也表现出持续有效性，说明本次团体辅导对提高团队创意产生的即时和追踪效果良好。

将实验组不同时间段的测量结果比较后发现：实验组的团队知识领地、团队信任、团队信息交换和团队创意产生前、后测和追踪测量均与前测存在明显差异，即干预长时间有效，同时也存在追踪测量得分相对后测有所回落，即随时间推移干预效果有所减弱。团队信息交换和团队创意产生是循序渐进的过程，本研究进行的团体干预时间较短，短时间内持续上升不太现实。

6.3.6.3 大学生的知识领地与团队创意产生的动态关系

本研究基于情境理论与 ASD 理论构建了知识领地与团队创意产生的动态演化模型。在此基础上，我们通过对实验团队的分析，发现知识领地行为与团队创意产生之间存在动态演化关系，即前一阶段的团队创意产生对随后阶段的知识领地产生影响。本研究逻辑符合伊尔根等（Ilgen et al.，2005）研究结论，他们认为初始阶段的结果变量可能会通过反馈以影响随后阶段的前因和中介变量，进而影响随后阶段的结果变量。席佩斯等（Schippers et al.，2012）也认为，创始团队绩效作为影响团队反思的重要情境因素，团队反思、团队信任对随后阶段的团队绩效产生积极的影响。我国研究者卫旭华和刘咏梅（2014）也认为团队过往绩效作为一种制约当前和未来决策的情境因素。本研究中，团队创意的产生可以视为团队绩效中的一项内容，尽管在研究中没有明确团队反思这一研究变量，但是在对大学生的反馈中，存在团队内成员之间的信任与互动，更多地体现在团队信任与信息交换。实验组团队成员通过人际互动建立了团队信任，表现在更高效学习，团队产生更多的创意和解决问题的办法。这些变化正是伴随着个体、团队辅导与情境因素在"适应 - 选择 - 发展"（ASD）交互作用下进行的。总之，本研究是以过往团队创意产生作为重要激发因素，探讨其对知识领地行为的影响。但是，本研究仅仅在大学生群体中展开，未能进行知识型工作者的大规模调研，未来可以试图开展创意实施的追踪实证研究。

6.4 本章小结

本研究一方面通过质性研究，运用扎根理论分析方法，对知识领地与创意实施的演化关系进行了探索；另一方面采用准实验方法，通过团队心理辅导建设团队信任和团队信息交换，实现团队创意实施干预。

研究一发现：从知识领地和知识创造的视角，团队知识所有权无疑是可持续创新的动力源泉与核心竞争力。团队领地氛围、容错动态性、团队领导、任务特征、组织制度与规范等是团队知识领地对创意实施影响路径的重要情境因素。组织层面、团队层面以及个体层面的因素交织在一起，通过互动机制、激励机制和平衡机制的共同作用，使得团队知识领地对创意实施产生影响。科研创新团队知识领地对创意实施的影响有四个关键要素，创新主体、创新客体、组织/团队情境、创新结果和转化过程。除此之外，研究发现，创意越轨行为在知识创新过程中也是组织中存在的现象，未来可以关注越轨创新行为在创新全过程的研究。

研究二发现：通过数据分析发现，团队干预对大学生团队知识领地、团队信任和创意实施的即时和追踪效果有显著差异；团队干预对大学生个体知识领地在前、后测嫌疑显著，但是随着时间的推移，前、后测和追踪的差异显著性下降，而团队信息交换在前、后测不显著，但长期追踪的研究中，差异性是显著的。通过大学生行为逻辑的分析，初始团队创意产生成为后续阶段领地行为、信任和团队信息交换的驱动因素，这是重复因果链条中的初始原因，条件变化（初始团队创意产生）促使团队成员领地的行为策略，团队成员会根据条件变化情况选择特定的领地行为以实现适当的自我调节。

本研究从动态发展的视角拓展了知识领地与团队创意产生的现有研究框架，构建了知识领地与团队创意产生的动态演化模型。通过对实验组的解释性案例研究，一定程度上验证了知识领地与团队创意产生的动态演化关系，研究表明初始团队创意产生作为影响知识领地行为，而知识领地通过团队信任、团队信息交换对团队创意产生影响，进而影响随后阶段，证明干预方案设计是有效的。

同样，我们也认识到，由于案例研究需要翔实的数据和信息，而案例的典型性与数据的可得性进行探索性案例研究面临的困境之一。在动态的演化关系研究中，本研究主要以在校大学生为案例样本，探寻知识领地与团队创意产生的动态模型，从而影响到案例研究的普适性，以及关于知识领地与团队创意实施的动态关系也未进行深入探讨，因此，这也正是未来需要补充和完善之处。

第 7 章

研究结论与启示

7.1　主要研究结论与讨论

本研究以科研创新团队为研究对象，从不同的研究视角采用多种方法，深入剖析知识领地与创意实施的跨层次影响关系；通过案例的扎根研究方法，对知识领地与创意实施过程的演化关系予以解释；采用准实验研究方法对创意实施进行干预，进而归纳出推动创造力提升的研究结论或建议，指导于现实生活或解决现实问题。

鉴于本书在每个章节的研究后都进行了讨论或总结，以下内容将按照研究的主要结论、研究取得的理论进展、研究的实践意义、研究的局限性和展望等四个部分的顺序依次展开。

7.1.1　知识领地组合构型与创意实施的关系

本书的第 4 章，研究分为两个部分。

（1）研究一从个体层面的视角，通过响应面分析探寻知识领地行为中的防卫行为和标记行为的一致性对创意实施的影响，如图 7.1 所示。

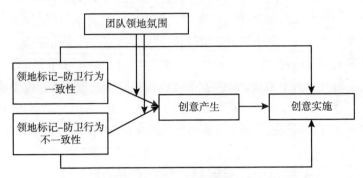

图 7.1 领地行为组合构型与创意实施的关系模型

研究发现：第一，在一致性方面。知识领地中标记行为和防卫行为强度的一致性程度越高，越有利于创意产生和创意实施，进一步而言，相比低标记低防卫行为，高标记高防卫的知识领地行为的预测效果更好。第二，在不一致性方面。标记行为和防卫行为强度不一致性对创意产生和创意实施的作用机制有所差异，相比低标记高防卫行为，高标记低防卫行为更有利于激发创意产生，而无论是高标记低防卫行为还是高标记低防卫行为对创意实施没有显著差异。第三，中介作用。无论领地行为一致性还是不一致性，创意产生均在领地行为的组合与创意实施的关系中起到了中介作用。第四，调节作用。领地氛围调节了领地行为的组合与创意产生间的关系，在较低领地氛围的组织中，领地组合的一致性比不一致性更加有利于创意产生。

（2）研究二采用定性比较分析的研究方法，识别知识领地对创意实施的多重传导路径机制，详见第 4 章子研究二。第一，个体创意实施和团队创意实施的前因构型有差异。个体创意实施呈现两种主要驱动模式：一类构型是以高标记行为和高个体创意产生为核心；另一类构型是以低防卫行为、低对外领地、高团队信任和高个体创意产生为核心。团队创意实施呈现三种主要驱动模式：第一类构型是以高防卫行为和高个体创意产生为核心条件。第二类构型是以高标记行为和高个体创意实施为核心条件；第三类构型是以高防卫行为、高个体创意产生和高团队创意产生为核心条件。第二，团队创意实施与个体创意实施有紧密联系。研究结果显示，团队创意实施与个体创意实施中共同核心因素是高防卫行为和高个体创意产生。验证了个体参与创意实施的水平越高，团队创意及其所对应的创意实施水平也越高。

以上两项研究在知识领地的深度和层次方面，是对现有研究均有所补充。在深度方面，不仅仅局限于知识领地的防卫行为和标记行为的测量，而且考察了两种行为的一致性对创意产生和创意实施的影响，深入剖析了究竟何种领地行为对创新的"双刃"效应。在层次方面，通过定性比较方法，以个体创意实施和团队创意实施为目标，识别个体和团队领地行为对其传导的多重组态路径。为未来深入研究知识领地与创意实施的跨层面实证研究，做好前期基础。

7.1.2 知识领地与创意实施的跨层次关系

本书在第 4 章的基础上，基于社会交换理论和知识领地视角，对 32 家企业的 41 个科研创新团队主管及 311 名团队成员进行问卷调研，从团队层面构建了知识领地对创意实施的跨层次影响模型。研究显示：第一，团队层面直接效应和中介效应。团队知识领地对团队创意实施有显著的正相关关系；团队知识领地对团队信息交换具有显著的正相关关系，且团队知识领地通过团队信息交换对团队创意实施产生积极的影响。第二，跨层面的直接效应。团队知识领地对个体创意实施有显著正相关关系。第三，跨层面的调节效应。团队信息交换不仅对个体创意实施产生积极的促进作用，还显著正向调节了团队知识领地与个体创意实施的关系。第四，跨层面的中介效应。个体创意实施平均水平通过团队信任自下而上对团队创意实施产生积极影响，所有假设得到支持，跨层次关系模型如图 7.2 所示。

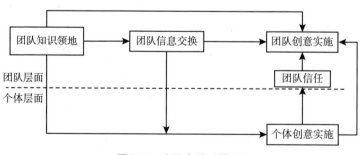

图 7.2　跨层次关系模型

7.1.3 知识领地与创意实施的演化关系与干预机制

为了更深入地阐释知识领地与创意实施的演化关系，本书一方面通过质性的研究方法，对 17 个科研创新团队进行深度访谈，研究发现：第一，团队知识领地主体。以往的研究更多聚焦于"知识拥有者"，源自对知识的所有权产生的领地行为，诸如标记行为和防卫行为。本书的研究访谈发现，在团队创意实施和创新结果呈现的过程中，知识领地的主体不仅仅是创意团队，而且包括了创意评估组和创意决策组。创意评估组和创意决策组人员具备一定的知识/技能/专长，在思维模式、知识结构、角色与权利地位等方面同样需要考量。因此知识领地的主体更加广泛。第二，团队知识领地客体。知识源、知识特征和任务特征。领地主体的作用对象是知识，包括已有知识积累、所需知识和未来创新知识。由于知识特征（显性知识和隐性知识）的差异，影响到领地主体的知识位势，通过获取知识（内部知识和外部知识），实现知识创造。第三，团队/组织情境。知识领地行为主体对外部因素的心理感知，包括团队领地氛围、团队领导、权利地位的感知、任务特征、组织制度与文化、容错动态性等（具体详见第 6 章内容）。第四，创新结果表现在产品创新与流程创新。创新绩效是知识创新的必要内容，也是进行可持续创新的动力来源。有效创新、持续创新与突破创新成为科创企业发展的关键。访谈中被访者表示，创新管理中需要协同产品创新与流程创新，既需要在产品领域体现产品更迭速率与服务质量的持续性创新，又需要在流程领域体现组织惯例革新程度与管理规则领先程度的阶段性创新。产品创新与流程创新符合创意采纳之后的结果考评和下一阶段创新的始端依据。第五，三种演化关系：互动机制、平衡机制和激励机制（具体详见本书第 6 章内容）。

另一方面采用准实验方法，通过团队心理辅导建设团队信任和团队信息交换，实现团队创意实施干预。对 36 位大学生，分为控制组和实验组实施干预，研究表明，团队干预对大学生团队知识领地、团队信任和创意实施的即时和追踪效果有显著差异；团队干预对大学生个体知识领地在前、后测嫌疑显著，但是随着时间的推移，前、后测和追踪的差异显著性下降，而团队信息交换在前、后测不显著，但长期追踪的研究中，差异性是显著的。通过大学生行为逻辑的分析，发现团队知识领地与团队创意产生之间存在动态演化关系，即前一阶段的团队创意产生对随后阶段的团队知识领地产生影响，团队成员会根据条件变化情况选择特定的领地行为以实现适当的自我调节。初始阶段的结果变量可能会通过反馈以影响随后阶段的前因和中介变量，进而影响随后阶段的结果变量（Ilgen et al.，2005）。实验组团队成员通过人际互动建立了团队信任，表现在更高效学习，团队产生更多的创意和解决问题的办法。这些变化正是伴随着个体、团队辅导与情境因素在"适应－选择－发展"（ASD）交互作用下进行的，团队成员首先选择合适的策略和行为（知识领地策略），从而获得进一步发展和提升的条件（团队信任与信息交换），在具备发展的条件之后，行为主体能够展现出积极的状态（创意产生）；且在实现第一阶段的适应基础上，主体需要评估环境的变化并做出新一轮的再选择（调整领地策略）。

7.2　本研究的理论进展

7.2.1　理论贡献

本研究围绕"知识领地与创意实施的跨层次传导机制"问题，采用探索性案例研究、定性比较分析、多层次分析方法、准实验研究等，探讨了知识领地组合构型对创意实施的响应面分析、知识领地对创意实施跨层面分析、演化关系以及干预关系等。在一定程度上，本研究是对以往研究进行了补充和拓展，其理论贡献主要体现在以下几方面：

7.2.1.1　在研究内容方面

（1）丰富了知识领地多层面的研究。以往研究大多关注于个体知识领地的标记行为和防卫行为（宋一晓和曹洲涛；2015；彭贺，2012；李鲜苗和徐振亭，2017），团队的对内领地行为和对外领地行为（刘军等，2016；范雪灵等，2018），对领地行为的促发因素和影响效应进行了相关的研究，认为领地行为在个体、团队和组织中呈现正负面双效应（彭贺，2012；李鲜苗和徐振亭，2017；Li et al.，2020）。本研究是对以往研究的补充与拓展，一方面，通过细化个体知识领地的标记行为和防卫行为，探究两种行为的一致性组合构型对创意产生和创意实施的影响，进一步厘清知识领地对创新的双面效应（第 4 章内容）。另一方面，探索团队知识领地对创意实施的跨层次研究，团队知识领地对不同层面的创意实施的路径机制不同（第 5 章内容）。除此之外，采用定性比较分析，研究发现，相对于团队知识领地而言，个体知识领地行为（核心条件）对个体和团队创意实施的影响作用更强（第 4 章内容）。

（2）加强了创新过程的相关研究。个体知识领地行为的组合构型对创意产生和创意实施存在不同的影响（第 4 章内容），团队知识领地对不同层面的创意实施的路径机制不同（第 5 章内容）。研究结论支持了创意产生区别于创意实施，创意者需要获得有价值的知识资源与创新支持，推进创意被采纳与实施。这一研究响应了对创新过程中两个阶段联合研究的呼吁（West，2002；Baer，2012；Škerlavaj et al.，2014），为未来进一步探讨针对创新阶段的不同任务，团队成员或组织应当采取不同的领地策略提供理论依据。

7.2.1.2 在研究视角方面

以往研究中较多进行单一层面的研究，曹洲涛和杨瑞（2014）提出个体知识领地向组织知识领地的转移，但是如何转移以及过程机制的研究尚少。因此，本书不仅结合了不同层面的知识领地和创意实施，而且实证探讨了不同层面的知识领地对个体创意实施与团队创意实施的影响机制，通过深入挖掘了知识领地与创意实施的中介和情境要素，有利于更准确地解释二者之间的作用过程。本书将创意产生作为知识领地与创意实施的中介变量，领地氛围作为探究知识领地与创意产生间的调节变量并进行实证检验，表明创意的成功实施，需要高质量的创意（第 4 章内容）。组织要想获得高质量的创意，应当营造良好的知识共享氛围，保护和尊重员工的知识权益，认可员工对组织的贡献，从而降低员工的心理防御对创新的负面影响。从自下而上的视角（向上影响策略理论），证实了个体创意实施通过团队信任的中介作用向团队创意实施的传导（第 5 章内容），证实了知识资源确实存在领地边界，从而更加全面理解员工的知识领地行为，进行有针对性的管理。研究结论支持了通过强化群体中标记行为降低个体领地行为的负面影响（Brown et al.，2005；Brown and Baer，2015），体现了组织加强知识产权相关政策的必要性，也为多视角研究创意实施提供新的思路。

7.2.1.3 在研究方法方面

本书除了采用传统的实证调研外，结合了探索性案例研究和准实验研究方法，数据处理方面进行了跨层面分析、定性比较分析、响应面分析、扎根理论的编码程序等，充分利用定量和定性各自的优势，以支持本研究的假设与推论。

7.2.2 理论意义

通过以上分析，本书将理论贡献用于继续丰富、拓展现有的理论和指导企业实践，本研究对于相关理论的指导意义主要体现在以下几个方面：

（1）对知识领地理论研究的指导意义。通过对已有研究的分析和归纳，研究发现知识领地现象存在于个体和团队中，进行了实证探讨，由此，未来从组织视角，深入剖析知识领地的多层次研究。此外，在创新过程中，知识领地行为主体不仅限于创意产生者（创意团队），而且也会体现在创意评估者（评估组）和创意决策者（决策组），未来也可以继续深入广义领地主体的研究。

（2）对创新过程研究的指导意义。以知识领地视角，研究发现，在个体层面，知识领地的组合构型对创意产生和创意实施的影响有所不同，特别是标记行为和防卫行为强度的不一致性更加显著。同时，个体知识领地与团队知识领地对个体创意实施和团队创意实施的组态性研究也存在差异，研究结果显示，个体知识领地的核心条件更为重要。这也为可持续创新和创新绩效的研究提供了新的视角，既要细化领地行为的组合构型，又要处理好知识领地的边界性。

（3）对团队信任和团队信息交换的指导意义。以往学术界对领地性与创新关系研究的情境聚焦于组织制度（控制型 HRM 系统、激励机制）、创新氛围、团队领导行为、任务特征等。本研究将团队信任作为个体创意实施向团队创意实施转移的中介作用，以团队信息交换作为团队情境因素，调节团队知识领地与个体创意实施的关系，还探讨团队信息交换在团队知识领地与团队创意实施的中介效应，极大丰富了未来研究的内容；一方面，进一步验证和丰富了建立团队信任有助于增强组织凝聚力，将个体创意实施助推团队创意实施；另一方面，剖析了团队信息交换作为重要团队情境因素，对个体创意实施的重要影响，进一步丰富和拓展了团队信息交换的跨层次的影响。

（4）对知识领地与创新的动态干预机制的指导意义。一方面，本研究通过准实验研究，通过团队心理辅导的干预，研究发现，团队知识领地、团队信任和创意实施的即时和追踪效果有显著差异；团队干预对大学生个体知识领地在前、后测嫌疑显著，但是随着时间的推移，前、后测和追踪的差异显著性下降，而团队信息交换在前、后测不显著，但长期追踪的研究中，差异性是显著的，证明干预方案设计是有效的，进一步丰富了在知识领地与创新关系的追踪式研究，对未来深入实证研究具有重要的启示性。

7.2.3 管理启示

（1）对于知识型员工而言，具有一定的知识和技能，并非具有了好的创意，或将创意实施下去，一定要有团队合作意识。个人既要做好保护好个人的创意或知识，同时也要注重团队和组织的整体利益。组织和团队创新的实现，最终还是需要个人去完成的。尽管我们在认知上知道"个人的创意产生与创意实施并非是简单的线性关系或是相加的"，但是创意实施是需要个人和团队共同的努力。

（2）管理者应当理解领地行为的产生、差异性以及对创意产生和创意实施的影响。本研究有助于管理者清楚领地的标记行为和防卫行为，通过双高的领地行为激励创意产生和创意实施，鼓励团队成员相互交流与建立信任，引导与增强成员间协同创新。同时，管理者也应当正视组织或团队中会存在高标记低防卫和低标记高防卫的员工，此时，需要强化知识共享与创新的组织氛围，避免出现个人的知识隐藏或知识囤积，一旦成员将知识资源视为由组织或团队共同分享，就会大大减少其采取领地行为的可能性。管理者也可以通过降低领地行为的负向影响可以采取不同方式来提升个体的团队认同感，包括进行社会化培训以改善团队成员关系、完善领导风格提升领导包容性等（Mittal and Dhar，2015；Ding et al.，2017）

（3）管理者可采用领地行为与绩效奖惩相结合，兼顾物质奖励与情感支持让员工自发降低防卫心理，为组织发展做出贡献。良好的员工与组织关系，能够突破个体知识转化组织知识的边界障碍，将团队成员的隐性知识转化为团队层面的显性知识，推动创新活动的顺利开展。组织中较高的领地氛围对创意产生和创意实施都是不利的。创新组织更加注重团队间的交流与合作，集结自身资源优势，实现优势互补，获得更多创新资源的支持，从而促进创意的成功实施，为解答个体和组织之间知识领地"困惑"，解决创意实施"困境"提供新思路和解决建议。

（4）组织应当制定和实施有效的知识产权政策和激励机制。组织根据不同的情境更新或完善相关的知识产权政策，为个人和组织的持续创新，营造良好的知识共享环境和平台。诸如，清晰界定知识或科研成果的归属权，是属于员工个人还是团队或组织，弱化知识领地的防卫心理，提倡知识资源的共享与交流，制定适合本组织及团队成员的奖惩与激励机制。同时，组织应该采取恰当的资源配置方式，尽量避免引发团队间的资源争夺战，并采取适当的措施鼓励团队合作，降低团队间领地行为发生的可能性，并且要控制团队之间的恶性竞争关系，构建高质量的团队信任氛围，鼓励个体知识共享向团队知识共享转化，最终提升企业创新、业绩与声誉等。

7.3　本研究的局限与未来展望

7.3.1　研究局限

知识领地与创意实施的跨层次的研究相对较少，特别是关于两者的动态性研究，缺乏可供参考的理论基础与演化框架。本研究尝试采用多层次视角、多种研究方法，构建模型并进行验证，研究结论不仅丰富了知识领地和创新过程的研究，而且为未来动态的演化关系提供参考。由于本书尚处于探索阶段，能够借鉴的现有研究成果有限，且受研究样本和当前疫情环境的限制整体研究仍有一些不足之处，需要在后续研究进一步改善。

第一，本书第 4 章与第 5 章采用横截面设计获取调查数据，无法真正的探析知识领地在创意产生到创意实施过程中的动态变化的关系，因此，未来研究中可以设计多次数据收集，以便更深入的了解领地行为与创意实施在时间和空间上的研究。

第二，本书的样本来源较为单一，仅选自同一行业的科研创新团队，虽然能够控制行业的影响，但是减弱了研究的普适性，不同行业领地行为的表现形式可能存在差异，由此对创意实施的影响也会略有差别。因此，多行业的研究样本有利于更为清晰地分析领地行为的驱动机制。

第三，本书仅从个体和团队两个层次考虑创意实施的影响，暂未考虑企业文化、组织激励制度等组织层面因素的影响，未来研究可整合组织、团队与个体的三水平的多层次模型，更全面的分析创意实施的影响因素。

7.3.2　未来展望

7.3.2.1　知识领地、创新过程与创新绩效的多层次影响模型

本书只选取了个体和团队层次进行知识领地与创意实施关系的跨层次探讨，暂未考虑组织层面的因素，未来研究可以建立三层模型，进一步探索组织制度、企业文化等因素的直接效应、间接效应、中介和调节效应等。同时，针对行业特征、知识与技术特性等差异，创新绩效的评判标准会有所不同，未来可以针对具体不同行业或企业特性，考察不同层面的知识领地对个体、团队和组织创新绩效的影响，从而制定科学合理的产权政策和激励政策。

7.3.2.2　知识领地与创新过程的动态演化关系的实证研究

本书采取追踪研究和 ASD 动态分析框架，探讨知识领地与创新过程的演化关系，以及初始阶段的创意水平会对下一阶段的团队及其成员的领地行为产生影响。本研究过程受到时间和资源的限制，只能在小范围内进行案例的访谈、相关理论和文献的总结，未来可以扩大调研样本，进行实证方面的调研追踪，对创新过程，特别是创意实施的动态演化关系进行补充与完善。

7.3.2.3　对越轨创新行为的研究

本书研究发现，越轨创新行为在创新各个阶段出现，也是组织中客观存在的现象，超过 80% 的企业都存在越轨创新行为（Augsdorfer, 2012）。受创新资源、风险评估，以及制度规范的影响，员工、领导以及组织经常面临对已否决的创意是选择坚持还是放弃的现实困境。当个体的创新方案与组织研

发战略和制度可能产生冲突时，若个体坚信这一创新设想预期会给组织带来收益，那么其就有可能继续实施这一设想，即越轨创新行为（王弘钰等，2018，2019），具有隐蔽性、自下而上、行为非法性和目的合法性（黄玮等，2017）。除此之外，管理者以及组织对创新失败的态度也会影响员工越轨创新行为（Mueller et al.，2012；Tian and Wang，2014）。鉴于创意失败的"消极属性"，造成了人们的偏见，忽略了被否定创意的内在价值。越轨创新者将面临更高的风险与压力，未来可以创新过程为理论基础，探究越轨创新行为在风险管理、效应评价，以及制度规范的研究，从而实现以创新为动力的经济高质量发展。

参 考 文 献

[1] 柏帅蛟，井润田，李璞，等. 匹配研究中使用响应面分析的方法 [J].
管理评论，2018，30（3）：161 - 170.

[2] 曹科岩，窦志铭. 组织创新氛围、知识分享与员工创新行为的跨层次研
究 [J]. 科研管理，2015，36（12）：83 - 91.

[3] 曹洲涛，杨瑞. 知识领地行为视角下个体知识向组织知识转移的研究
[J]. 科学学与科学技术管理，2014，35（10）：35 - 42.

[4] 陈向明. 质性研究的新发展及其对社会科学研究的意义 [J]. 教育研究
与实验，2008（2）：14 - 18.

[5] 陈晓萍，徐淑英，樊景立. 组织与管理研究的实证方法 [M]. 北京：北
京大学出版社，2012.

[6] 程虹. 中国创新面临的十大挑战 [N]. 第一财经日报，2017 - 01 - 05
（A11）.

[7] 储小平，倪婧. 组织内领地性研究前沿探析 [J]. 外国经济与管理，
2009，31（3）：1 - 8.

[8] 储小平，杨肖锋. 员工心理领地性的负面影响：个人与团队层面的分析
[J]. 中山大学学报（社会科学版），2011，51（5）：161 - 168.

[9] 董念念，王雪莉. 有志者，事竟成：内在动机倾向、创意质量与创意实
施 [J]. 心理学报，2020，52（6）：801 - 810.

[10] 杜运周，贾良定. 组态视角与定性比较分析（QCA）：管理学研究的一
条新道路 [J]. 管理世界，2017（6）：155 - 167.

[11] 杜运周. 组织与创业领域——组态视角下的创业研究 [J]. 管理学季刊, 2019, 4 (3): 31-41, 140.

[12] 樊富珉. 我国团体心理咨询的发展: 回顾与展望 [J]. 清华大学学报 (哲学社会科学版), 2005, 20 (6): 62-69.

[13] 范雪灵, 陆露, 刘军, 刘超. 创新互动框架下组织领地氛围对利用性技术创新的影响: 一个被调节的中介模型 [J]. 管理工程学报, 2020, 34 (2): 40-49.

[14] 范雪灵, 王琦琦, 刘军. 组织领地氛围抑制组织指向公民行为涌现的链式机制研究 [J]. 管理学报, 2018, 15 (5): 669-677.

[15] 方陈承, 张建同. 实验法在管理学研究中的演进与创新 [J]. 上海管理科学, 2018, 40 (3): 102-107.

[16] 韩雪亮, 王霄. 自下而上推动企业组织创新的过程机制探析 [J]. 外国经济与管理, 2015, 37 (9): 3-16.

[17] 侯杰泰, 温忠麟, 成子娟. 结构方程模型及其应用 [M]. 北京: 教育科学出版社, 2004.

[18] 黄芳铭. 结构方程模式: 理论与应用 [M]. 北京: 中国税务出版社, 2005.

[19] 黄玮, 项国鹏, 杜运周, 等. 越轨创新与个体创新绩效的关系研究——地位和创造力的联合调节作用 [J]. 南开管理评论, 2017, 20 (1): 143-154.

[20] 霍伟伟, 罗瑾琏, 李鲜苗, 黄懿. 好创意为何易 "夭折": 创意领地视角的多层次研究 [J]. 科学学与科学技术管理, 2018, 39 (9): 165-176.

[21] 姜荣萍, 何亦名. 知识心理所有权对知识隐藏的影响机制研究——基于智力型组织的实证调研 [J]. 科技进步与对策, 2014 (14): 128-133.

[22] 李保明, 史帅斌. 知识领地行为、知识共享与个人创新关系模型研究 [J]. 科技进步与对策, 2016, 33 (8): 140-145.

[23] 李磊, 尚玉钒, 席酉民. 基于焦点调节理论的领导对下属创造力影响机制研究 [J]. 南开管理评论, 2011, 4 (5): 4-11.

[24] 李鲜苗, 李霜. 团队自省与反馈寻求对研发者创造力的跨层次交互影

响 [J]. 合肥工业大学学报（社会科学版），2016（4）：32-39.

[25] 李鲜苗，徐振亭. 领地行为对知识创新的影响路径 [J]. 科技进步与对策，2017，34（8）：132-139.

[26] 李艳，杨百寅. 创意实施——创新研究未来走向 [J]. 心理科学进展，2016，24（4）：643-653.

[27] 李自杰，李毅，郑艺. 信任对知识获取的影响机制 [J]. 管理世界，2010（8）：187-188.

[28] 刘畅. 大学生领悟社会支持与心理健康的关系：一般自我效能感的中介作用及干预研究 [D]. 郑州：河南大学，2018.

[29] 刘军，陈星汶，肖宁，周爱钦. 当协作要求遇上"山头主义"：领地行为与任务相依性对团队绩效的影响研究 [J]. 华南师范大学学报（社会科学版），2016（5）：99-109.

[30] 刘岩，蔡虹，裴云龙. 如何成为关键研发者？——基于企业技术知识基础多元度的实证分析 [J]. 科学学研究，2019，37（8）：1471-1480.

[31] 吕迪伟，蓝海林，陈伟宏. 绩效反馈的不一致性与研发强度的关系研究 [J]. 南开管理评论，2018，21（4）：50-61.

[32] 吕文栋，赵杨，田丹，等. 风险管理理论的创新——从企业风险管理到弹性风险管理 [J]. 科学决策，2017（9）：1-24.

[33] 罗洪云，张庆普. 知识管理视角下新创科技型小企业突破性技术创新能力评价指标体系构建及测度 [J]. 运筹与管理，2016，25（1）：175-184.

[34] 罗瑾琏，唐慧洁，李树文，柳乐. 科创企业创新悖论及其应对效应研究 [J]. 管理世界，2021，37（3）：8，105-122.

[35] 潘伟，张庆普. 感知的知识所有权对知识隐藏的影响机理研究 [J]. 研究与发展管理，2016，28（3）：26-46.

[36] 彭贺. 领地行为研究综述：组织行为学的新兴领域 [J]. 经济管理，2012，34（1）：182-189.

[37] 齐舒婷，白新文，林琳. 慧眼识珠：创意识别的研究现状及未来方向 [J]. 外国经济与管理，2019，41（7）：42-57.

[38] 钱颖一. 钱颖一对话录：有关创意. 创新. 创业的全球对话 [M]. 北

京：商务印书馆，2021.

[39] 宋一晓，曹洲涛. 员工－组织关系视角下知识领地行为研究 [J]. 科技进步与对策，2015 (1)：1－5.

[40] 唐杰，林志扬，莫莉. 多项式回归与一致性研究：应用及分析 [J]. 心理学报，2011，43 (12)：1454－1461.

[41] 王弘钰，崔智淞，邹纯龙，于佳利，赵迪. 忠诚还是叛逆？中国组织情境下的员工越轨创新行为 [J]. 心理科学进展，2019，27 (6)：975－989.

[42] 王弘钰，邹纯龙，崔智淞. 差序式领导对员工越轨创新行为的影响：一个有调节的中介模型 [J]. 科技进步与对策，2018，35 (9)：131－137.

[43] 王辉，常阳. 组织创新氛围、工作动机对员工创新行为的影响 [J]. 管理科学，2017，30 (3)：51－62.

[44] 王瑞花. 创新组织内知识共享敌意行为的演化博弈分析 [J]. 情报理论与实践，2016 (9)：67－72.

[45] 卫旭华，刘咏梅. 团队过往绩效，效能感与冲突关系研究 [J]. 科学学与科学技术管理，2014，35 (9)：152.

[46] 魏峰，马玉洁. 领导领地行为与下属知识隐藏的影响机制研究 [J]. 工业工程与管理，2018 (4)：179－185，193.

[47] 温忠麟，叶宝娟. 中介效应分析：方法和模型发展 [J]. 心理科学进展，2014，22 (5)：731－745.

[48] 吴明隆. 结构方程模型——AMOS 的操作与应用 [M]. 2 版. 重庆：重庆大学出版社，2009.

[49] 夏鑫，何建民，刘嘉毅. 定性比较分析的研究逻辑——兼论其对经济管理学研的启示 [J]. 财经研究，2014，40 (10)：97－107.

[50] 徐振亭，罗瑾琏，孙秀明. 群体心理资本对员工创造力的跨层次影响 [J]. 科技进步与对策，2016，33 (15)：139－144.

[51] 徐振亭，杨相玉，孙效敏. 学习目标取向对知识共享影响的跨层次研究 [J]. 科学学与科学技术管理，2017 (8)：3－16.

[52] 杨仕元，卿涛，岳龙华. 从支持感到员工创造力——二元工作激情的联合调节作用 [J]. 科技进步与对策，2018，35 (4)：108－117.

[53] 尹宁，张峥．知识共享视域下知识领地行为对组织创新绩效影响的实证研究 [J]．西部经济管理论坛，2020，31（5）：86－96.

[54] 余传鹏，张振刚．异质知识源对中小微企业管理创新采纳与实施的影响研究 [J]．科学学与科学技术管理，2015（2）：92－100.

[55] 张宝生，张庆普，等．基于扎根理论的知识型组织成员知识隐藏行为前因研究 [J]．科技进步与对策，2017，34（422）：111－116.

[56] 张佳良，袁艺玮，刘军．组织中的领地性研究：文献评述与研究展望 [J]．科技进步与对策，2017，34（24）：154－160.

[57] 张明，杜运周．组织与管理研究中 QCA 方法的应用：定位，策略和方向 [J]．管理学报，2019，16（9）：1312－1323.

[58] 张庆普，张伟．创意团队创意方案形成过程与机理研究——基于创意发酵视角 [J]．研究与发展管理，2014，26（6）：99－113.

[59] 赵健宇，李泊洲，袭希．知识产权契约激励与个体知识创造行为的关系研究 [J]．管理科学，2015（3）：63－76.

[60] 周浩，龙立荣．共同方法偏差的统计检验与控制方法 [J]．心理科学进展，2004，12（6）：942－950.

[61] 朱桂龙，温敏瑢．从创意产生到创意实施：创意研究评述 [J]．科学学与科学技术管理，2020，41（5）：69－88.

[62] 朱桂龙，温敏瑢，王萧萧．从创意产生到创意采纳：员工创意过程分析框架构建 [J]．外国经济与管理，2021，43（4）：123－135.

[63] 朱海，古继宝，吴剑琳．主动性人格对员工创造力的影响：创造过程参与和组织创新氛围的作用 [J]．上海管理科学，2013，35（1）：63－68.

[64] Afuah A, Tucci C. Internet Business Models and Strategies：Tent and Cases [M]. New York：McGraw-Hill Higher Education，2000.

[65] Agarwal P, Farndale E. High-performance work systems and creativity implementation：The role of psychological capital and psychological safety [J]. Human Resource Management Journal，2017，27（3）：440－458.

[66] Alegre J, Chiva R. Linking entrepreneurial orientation and firm performance：The role of organizational learning capability and innovation performance [J]. Journal of Small Business Management，2013，51（4）：491－507.

［67］ Amabile T M. A model of creativity and innovation in organizations ［J］. Research in Organizational Behavior, 1998, 10 (10): 123 – 167.

［68］ Amabile T M, Barsade S G, Mueller J S, et al. Affect and creativity at work ［J］. Administrative Science Quarterly, 2005, 50 (3): 367 – 403.

［69］ Amabile T M, Conti R, Coon H, et al. Assessing the work environment for creativity ［J］. Academy of Management Journal, 1996, 39 (5): 1154 – 1184.

［70］ Anderson N, Potočnik K, Zhou J. Innovation and creativity in organizations: A state-of-the-science review, prospective commentary, and guiding framework ［J］. Journal of Management, 2014, 40 (5): 1297 – 1333.

［71］ Andrews K M, Delahaye B L. Influences on knowledge processes in organizational learning: The psychosocial filter ［J］. Journal of Management Studies, 2010, 37 (6): 797 – 810.

［72］ Ashforth B E, Kreiner G E, Fugate M. All in a day's work: Boundaries and micro role transitions ［J］. Academy of Management Review, 2000, 25 (3): 472 – 491.

［73］ Aubert B A, Kelsey B L. Further understanding of trust and performance in virtual teams ［J］. Small Group Research, 2003, 34 (5): 575 – 618.

［74］ Augsdorfer P. A diagnostic personality test to identify likely corporate bootleg researchers ［J］. International Journal of Innovation Management, 2012, 16 (1): 12500031 – 125000318.

［75］ Austin T, Taylor R B. Human territorial functioning: An empirical, evolutionary perspective on individual and small group territorial cognitions, behaviors, and consequences ［J］. Contemporary Sociology, 1988, 19 (3): 376.

［76］ Avey J B, Avolio B, Crossley C. Psychological ownership: Theoretical extensions, measurement and relation to work outcomes ［J］. Journal of Organizational Behavior, 2009a, 30 (2): 173 – 191.

［77］ Avey J B, Luthans F, Jensen S M. Psychological capital: A positive resource for combating employee stress and turnover ［J］. Human Resource Management, 2009b, 48 (5): 677 – 693.

[78] Avey J B, Luthans F, Youssef C M. The additive value of positive psychological capital in predicting work attitudes and behaviors [J]. Journal of Management, 2010, 36 (2): 430 - 452.

[79] Axtell C M, Holman D J, Unsworth K L, et al. Shopfloor innovation: Facilitating the suggestion and implementation of ideas [J]. Journal of Occupational and Organizational Psychology, 2000, 73 (3): 265 - 285.

[80] Baer M, Frese M. Innovation is not enough: Climates for initiative and psychological safety, process innovations, and firm performance [J]. Journal of Organizational Behavior, 2003 (1): 45 - 68.

[81] Baer M. Putting creativityto work: The implementationof creative ideasin organizations [J]. Academy of Management Journal, 2012, 55 (5): 1102 - 1119.

[82] Bagozzi R P, Yi Y, Nassen K D. Representation of measurement error in marketing variables: Review of approaches and extension to three-facet designs [J]. Journal of Econometrics, 1998, 89 (1): 393 - 421.

[83] Baiyin Y, Baek-Kyoo B, Gary J, et al. Creativity and human resource development: An integrative literature review and a conceptual framework for future research [J]. Human Resource Development Review, 2013, 12 (4): 390 - 421.

[84] Bandura A. Social Foundations of Thought and Action: A Social Cognitive Theory [M]. NJ: Prentice Hall, 1986.

[85] Bandura A. Social Learning Theories [M]. NJ: Prentice Hall, 1977.

[86] Bartko J J, Carpenter W T. On the methods and theory of reliability [J]. The Journal of Nervous and Mental Disease, 1976, 163 (5): 307 - 317.

[87] Berg J M. Balancing on the creative highwire: Forecasting the success of novel ideas in organizations [J]. Administrative Science Quarterly, 2016, 61 (3): 433 - 468.

[88] Binnewies C, Ohly S, Sonnentag S. Taking personal initiative and communicating about ideas: What is important for the creative process and for idea creativity? [J]. European Journal of Work and Organizational Psychology, 2007, 16 (4): 432 - 455.

[89] Bliese P D, Halverson R R. Group size and measures of group-level proper-ties: An examination of eta-squared and ICC values [J]. Journal of Manage-ment, 1998, 24 (2): 157 – 172.

[90] Bock G W, Zmud R W, Kim Y G, et al. Behavioral intention formation in knowledge sharing: Examining the roles of extrinsic motivators, social-psy-chological forces, and organizational climate [J]. MIS Quarterly, 2005: 87 – 111.

[91] Brewer M B. Depersonalized Trust and Ingroup Cooperation [M]. New York: Psychology Press, 2008.

[92] Brockner J, Higgins E T. Regulatory focus theory: Implications for the study of emotions at work [J]. Organizational Behavior & Human Decision Proces-ses, 2001, 86 (1): 35 – 66.

[93] Brown G. Claiming a corner at work: Measuring employee territoriality in their workspaces [J]. Journal of Environmental Psychology, 2009, 29 (1): 44 – 52.

[94] Brown G, Crossley C, Robinson S L. Psychological ownership, territorial behavior, and being perceived as a team contributor: The critical role of trust in the work environment [J]. Personnel Psychology, 2014, 67 (2): 463 – 485.

[95] Brown G, Lawrence T, Robinson S L. Territoriality in organizations [J]. Academy of Management Review, 2005, 30 (3): 577 – 594.

[96] Brown G, Robinson S L. The dysfunction of territoriality in organizations [J]. Prenatal Diagnosis, 2007: 1 – 37.

[97] Brown G, Baer M. Protecting the turf: the effect of territorial marking on others' creativity [J]. Journal of Applied Psychology, 2015, 100 (6): 1785 – 1797.

[98] Browne M W, Cudeck R. Alternative ways of assessing model fit [J]. Sage Focus Editions, 1993, 154: 136 – 162.

[99] Bunderson J S, Sutcliffe K M. Comparing alternative conceptualizations of functional diversity in management teams: Process and performance effects [J]. Academy of Management Journal, 2002, 45 (5): 875 – 893.

[100] Burris E R. The risks and rewards of speaking up: Managerial responses to employee voice [J]. Academy of Management Journal, 2012, 55 (4): 851 – 875.

[101] Catherine E, Connelly D Z, Jane W, John P. Trougakos. Knowledge hiding in organizations [J]. Journal of Organizational Behavior, 2012, 33 (1): 64 – 88.

[102] Ceme M, Nerstad C, Dysvik A, et al. What goes around comes around: Knowledge hiding, perceived motivational climate and creativity [J]. Academy of Management Journal, 2014, 57 (1): 172 – 192.

[103] Chen C, Huang J. How organizational climate and structure affect knowledge management: The social interaction perspective [J]. International Journal of Information Management, 2007, 27 (2): 104 – 118.

[104] Chen G, Bliese P D. The role of different levels of leadership in predicting self-and collective efficacy: Evidence for discontinuity [J]. Journal of Applied Psychology, 2002, 87 (3): 549 – 556.

[105] Chen G, Kanfer R. Toward a systems theory of motivated behavior in work teams [J]. Research in Organizational Behavior, 2006, 27: 223 – 267.

[106] Che T, Wu Z, Wang Y, et al. Impacts of knowledge sourcing on employee innovation: The moderating effect of information transparency [J]. Journal of Knowledge Management, 2018, 23 (5): 221 – 239.

[107] Chou L F, Cheng B S, Huang M P, et al. Guanxi networks and members' effectiveness in Chinese work teams: Mediating effects of trust networks [J]. Asian Journal of Social Psychology, 2010, 9 (2): 79 – 95.

[108] Chua A, Lam W. Why KM projects fail: A multi-case analysis [J]. Journal of Knowledge Management, 2005, 9 (3): 6 – 17.

[109] ColquittJ A, Scott B A, Lepine J A. Trust, trustworthiness, and trust propensity: A meta-analytic test of their unique relationships with risk taking and job performance [J]. Journal of Applied Psychology, 2007, 92 (4): 909 – 927.

[110] Connelly C E, Zweig D. How perpetrators and targets construe knowledge hiding in organizations [J]. European Journal of Work and Organizational

Psychology, 2015, 24 (3): 479 – 489.

[111] Constant D, Kiesler S, Sproull L. What's mine is ours, or is it? A study of attitudes about information sharing [J]. Information Systems Research, 1994, 5 (4): 400 – 421.

[112] Costa A C, Anderson N. Measuring trust in teams: Development and validation of a multifaceted measure of formative and reflective indicators of team trust [J]. European Journal of Work and Organizational Psychology, 2011, 2 (1): 119 – 154.

[113] Costa A C, Fulmer C A, Anderson N R. Trust in work teams: An integrative review, multilevel model, and future directions [J]. Journal of Organizational Behavior, 2017, 39 (2): 169 – 184.

[114] Criscuolo P, Salter A, Terwal A L J. Going underground: Bootlegging and individual innovative performance [J]. Organization Science, 2014, 25: 1287 – 1305.

[115] Cropanzano R, Mitchell M S. Social exchange theory: An interdisciplinary review [J]. Journal of Management, 2005, 31 (6): 874 – 900.

[116] Cropanzano R S, Massaro S, Becker W J. Deontic justice and organizational neuroscience [J]. Journal of Business Ethics, 2017, 144 (4): 1 – 22.

[117] Das A K, Chakraborty S. Knowledge withholding within an organization: The psychological resistance to knowledge sharing linking with territoriality [J]. Journal on Innovation and Sustainability, 2018, 9 (3): 94 – 108.

[118] Da Silva N, Oldham G R. Adopting employees' ideas: Moderators of the idea generation-idea implementation link [J]. Creativity Research Journal, 2012, 24 (2 – 3): 134 – 145.

[119] Dewett T. Exploring the role of risk in employee creativity [J]. The Journal of Creative Behavior, 2011, 40 (1): 27 – 45.

[120] Ding G, Liu H, Qian H, et al. Moderating effects of guanxi and face on the relationship between psychological motivation and knowledge-sharing in China [J]. Journal of Knowledge Management, 2017, 21 (5): 1077 – 1097.

[121] Edmondson A C, Bohmer R M, Pisano G P. Disrupted routines: Team learning and new technology implementation in hospitals [J]. Administrative Science Quarterly, 2001 (4): 685 – 716.

[122] Edwards J R, Cable D M. The value of value congruence [J]. Journal of Applied Psychology, 2009, 94 (3): 654 – 677.

[123] Eisenhardt K M. Building theories from case study research [J]. Academy of Management Review, 1989, 14 (4): 532 – 550.

[124] Enders C K. Dealing with missing data in developmental research [J]. Child Development Perspectives, 2013, 7 (1): 27 – 31.

[125] Fan X L, Wang Q Q, Liu J. The research on the chain mechanism of organizational territory atmosphere restraining the emergence of organizational directed citizenship behavior [J]. Chinese Journal of Management, 2018, 15 (5): 669 – 677.

[126] Ferlie E, Fitzgerald L, Wood M, Hawkins C. The nonspread of innovations: The mediating role of professionals [J]. Academy of Management Journal, 2005, 48: 117 – 134.

[127] Friedman R S, Förster J. The effects of promotion and prevention cues on creativity [J]. Journal of Personality and Social Psychology, 2001, 81 (6): 1001 – 1013.

[128] Frost P J, Egri C P. The political process of innovation [J]. Research in Organizational Behavior, 1991, 13: 229 – 295.

[129] Garud R, Gehman J, Kumaraswamy A. Complexity arrangements for sustained innovation: Lessons from 3M Corporation [J]. Organization Studies, 2011, 32 (6): 737 – 767.

[130] Glaser B R, Strauss A L. The Discovery of Grounded Theory [M]. Chicago: Aldine, 1967.

[131] Globocnik D, Salomo S. Do formal managementpractices impact the emergence of bootlegging behavior? [J]. Journal of Product Innovation Management, 2015, 32 (4): 505 – 521.

[132] Gong Y, Cheung S Y, Wang M, et al. Unfolding proactive process for creativity: Integration of employee proactively, information exchange, and

psychological safety perspective [J]. Journal of Management, 2012, 38 (5): 1611 – 1633.

[133] Gong Y, Kim T Y, Lee D R, et al. A multilevel model of team goal orientation, information exchange, and creativity [J]. Academy of Management Journal, 2013, 56 (3): 827 – 851.

[134] Hagedoorn J, Cloodt M. Measuring innovative performance: Is there an advantage in using multiple indicators? [J]. Research Policy, 2003, 32 (8): 1365 – 1379.

[135] Hammond M M, Neff N L, Farr J L, et al. Predictors of individual-level innovation at work: A meta-analysis [J]. Psychology of Aesthetics Creativity & The Arts, 2011, 5 (1): 90 – 105.

[136] Hays J C, Williams J R. Testing multiple motives in feedback seeking: The interaction of instrumentality and sell-protection motives [J]. Journal of Vocational Behavior, 2011, 79 (2): 496 – 540.

[137] Higgins E T. Promotion and prevention: Regulatory focus as a motivational principle [J]. Advances in Experimental Social Psychology, 1998, 30: 1 – 46.

[138] Holten A L, Hancock G R, Persson R, Hansen M, Hogh A. Knowledge hoarding: Antecedent or consequent of negative acts? The mediating role of trust and justice [J]. Journal of Knowledge Management, 2016, 20 (2): 215 – 229.

[139] Huang X, Hsieh P A, He W. Expertise dissimilarity and creativity: The contingent roles of tacit and explicit knowledge sharing [J]. Journal of Applied Psychology, 2014, 99 (5): 816 – 830.

[140] Hu L, Bentler P M. Cutoff criteria for fit indexes in covariance structure analysis: Conventional criteria versus new alternatives [J]. Structural Equation Modeling: A Multidisciplinary Journal, 1999, 6 (1): 1 – 55.

[141] Huo W, Cai Z, Luo J, et al. Antecedents and intervention mechanisms: Amulti-level study of R&D team's knowledge hiding behavior [J]. Journal of Knowledge Management, 2016, 20 (5): 880 – 897.

[142] Huo W W, Yi H, Men C, et al. Territoriality, motivational climate, and

idea implementation: We reap what we sow [J]. Social Behavior and Personality, 2017, 45 (11): 1919 - 1932.

[143] Ibarra H. Network centrality, power, and innovation involvement: Determinants of technical and administrative roles [J]. Academy of Management Journal, 1993, 36 (3): 471 - 501.

[144] Ilgen D R, Hollenbeck J R, Johnson M, et al. Teams in organizations: From input-process-output models to IMOI models [J]. Annu Rev Psychol, 2005, 56: 517 - 543.

[145] James L R, Demaree R G, Wolf G. Rwg: An assessment of within group interpreter agreement [J]. Journal of Applied Psychology, 1993, 78 (2): 306 - 309.

[146] Janssen O. The joint impact of perceived influence and supervisor supportiveness on employee innovative behaviour [J]. Journal of Occupational and Organizational Psychology, 2011, 78 (4): 573 - 579.

[147] Janssen O, Vliert E, West M. The bright and dark sides of individual and group innovation: A Special Issue introduction [J]. Journal of Organizational Behavior, 2010, 25 (2): 129 - 145.

[148] Jing X, Houssin R, Caillaud E, et al. Macro process of knowledge management for continuous innovation [J]. Journal of Knowledge Management, 2010, 14 (4): 573 - 591.

[149] Johnson M D, Hollenbeck J R, Humphrey S E, et al. Cutthroat cooperation: Asymmetrical adaptation of team reward structures [J]. Academy of Management Journal, 2006, 49 (1): 103 - 119.

[150] Jong B, Elfring T. How does trust affect the performance of ongoing teams? The mediating role of reflexivity, monitoring, and effort [J]. Academy of Management Journal, 2010, 53 (3): 535 - 549.

[151] Jong D J, Hartog D D. Measuring innovative work behavior [J]. Creativity & Innovation Management, 2010, 19 (1): 23 - 36.

[152] Kannan-Narasimhan R P, Lawrence B S. How innovators reframe resources in the strategy-making process to gain innovation adoption [J]. Strategic Management Journal, 2017 (3).

［153］Kanter R M. When a thousand flowers bloom: Structural, collective, and social conditions for innovation in organizations ［C］// IEEE Vehicular Technology Conference, 1988, 10: 169 – 211.

［154］Karasek R A, Theorell T. Healthy work: Stress, productivity, and the reconstruction of working life ［J］. Quarterly Review of Biology, 1990, 19 (4): 671 – 681.

［155］Kim Y H, Sting F J, Loch C H. Top-down, bottom-up, or both? Toward an integrative perspective on operations strategy formation ［J］. Journal of Operations Management, 2014, 32 (7 – 8): 462 – 474.

［156］Knight E, Harvey W. Managing exploration and exploitation paradoxes in creative organisations ［J］. Management Decision, 2015, 53 (4): 809 – 827.

［157］Kozlowski S W, Hattrup K. A disagreement about within-group agreement: Disentangling issues of consistency versus consensus ［J］. Journal of Applied Psychology, 1992, 77 (2): 161 – 167.

［158］Kozlowski S W J, Klein K J. A Multilevel Approach to Theory and Research in Organizations: Contextual, Temporal, and Emergent Processes ［M］. San Francisco, CA: Jossey-Bass, 2000.

［159］Lee J M, Lee H. Setting a knowledge boundary for enhancing work coordination and team performance: Knowledge protection regulation across teams ［J］. Journal of Knowledge Management, 2017, 21 (2): 254 – 274.

［160］Levitt T. Creativity is not enough ［J］. Harvard Business Review, 2002, 80: 137 – 144.

［161］Livingstone L P, Nelson D L, Barr S H. Person-environment fit and creativity: An examination of supply-value and demand-ability versions of fit ［J］. Journal of Management, 1997, 23 (2): 119 – 146.

［162］Li X, Wei W X, Huo W, et al. You reap what you sow: Knowledge hiding, territorial and idea implementation ［J］. International Journal of Emerging Markets, 2020.

［163］Li X, Xu Z, Men C. The transmission mechanism of idea generation on idea implementation: team knowledge territoriality perspective ［J］. Journal of Knowledge Management, 2020, ahead-of-print.

[164] Lu S, Bartol K M, Venkataramani V, et al. Pitching novel ideas to the boss: The interactive effects of employees' idea enactment and influence tactics on creativity assessment and implementation [J]. Academy of Management Journal, 2019, 62 (2): 579 - 606.

[165] Mainemelis C. Stealing fire: Creative deviance in the evolution of new ideas [J]. Academy of Management Review, 2010, 35 (4): 558 - 578.

[166] Manso G. Motivating innovation [J]. The Journal of Finance, 2011, 66 (5): 1823 - 1860.

[167] Mathieu J E, Taylor S R. A framework for testing meso-mediational relationships in organizational behavior [J]. Journal of Organizational Behavior, 2007, 28 (2): 141 - 172.

[168] Maxwell J A. Qualitative Research Design: An Interactive Approach [M]. CA: SAGE Publications, 1996: 17 - 20.

[169] McGrath J E, Arrow H, Berdahl J L. The study of groups: Past, present, and future [J]. Personality and Social Psychology Review, 2000, 4 (1): 95 - 105.

[170] Meeus M, Oerlemans L. Firm behaviour and innovative performance: An empirical exploration of the selection-adaptation debate [J]. Research Policy, 2000, 29 (1): 41 - 58.

[171] Messmann G, Mulder R H. Innovative work behaviour in vocational colleges: Understanding how and why innovations are developed [J]. Vocations & Learning, 2011, 4 (1): 63 - 84.

[172] MilosevicI, Bass A, Combs M. The paradox of knowledge creation in a high-reliability organization: A case study [J]. Journal of Management, 2018, 44: 1174 - 1201.

[173] Mittal S, Dhar R L. Transformational leadership and employee creativity: Mediating role of creative self-efficacy and moderating role of knowledge sharing [J]. Management Decision, 2015, 53 (5): 894 - 910.

[174] Mueller J, Melwani S, Loewenstein J, et al. Reframing the decision-makers' dilemma: Toward a social context model of creative idea recognition

[J]. Academy of Management Journal, 2018, 61 (1): 94 – 110.

[175] Mueller J S, Melwani S, Goncalo J A. The bias against creativity: Why people desire but reject creative ideas [J]. Psychological Science, 2012, 23 (1): 13 – 17.

[176] Ng T W H, Lucianetti L. Within-individual increases in innovative behavior and creative, persuasion, and change self-efficacy over time: A social-cognitive theory perspective [J]. Journal of Applied Psychology, 2015, 101 (1): 14 – 34.

[177] Pellegrini M M, Ciampi F, Marzi G, et al. The relationship between knowledge management and leadership: Mapping the field and providing future research avenues [J]. Journal of Knowledge Management, 2020, 24 (6) 1445 – 1492.

[178] Peng H, Pierce J. Job-and organization-based psychological ownership: Relationship and outcomes [J]. Journal of Managerial Psychology, 2015, 30 (2): 151 – 168.

[179] Peng H. Why and when do people hide knowledge? [J]. Journal of Knowledge Management, 2013, 17 (3): 398 – 415.

[180] Perry-Smith J E, Mannucci P V. From creativity to innovation: The social network drivers of the four phases of the idea journey [J]. Academy of Management Review, 2017, 42 (1): 53 – 79.

[181] Perry-Smith J E. Social network ties beyond non redundancy: An experimental investigation of the effect of knowledge content and tie strength on creativity [J]. Journal of Applied Psychology, 2014, 99 (5): 831 – 846.

[182] Pierce J L, Kostova T. Toward a theory of psychological ownership in organizations [J]. Academy of Management Review, 2001, 26 (2): 298 – 310.

[183] Podsakoff P M, Mackenzie S B, Lee J Y, et al. Common method biases in behavioral research: A critical review of the literature and recommended remedies [J]. Journal of Applied Psychology, 2003, 88 (5): 879 – 903.

[184] Preacher K J, Zhen Z, Zyphur M J. Alternative methods for assessing mediation in multilevel data: The advantages of multilevel SEM [J]. Structural Equation Modeling A Multidisciplinary Journal, 2011, 18 (2): 161 – 182.

[185] Schad J, Lewis M, Smith W. Quo vadis, paradox? Centripetal and centrifugal forces in theory development [J]. Strategic Organization, 2019, 17 (1): 107 – 119.

[186] Schippers M C, West M A, Dawson J F. Team reflexivity and innovation: The moderating role of team context [J]. Journal of Management, 2012, 41 (3): 769 – 788.

[187] Schneider B. The people make the place [J]. Personnel Psychology, 1987, 40 (3): 437 – 453.

[188] Serenko A, Bontis N. Understanding counterproductive knowledge behavior: Antecedents and consequences of intra-organizational knowledge hiding [J]. Journal of Knowledge Management, 2016, 20 (6): 1199 – 1224.

[189] Shanock L R, Baran B E, Gentry W A, et al. Polynomial regression with response surface analysis: A powerful approach for examining moderation and overcoming limitations of difference scores [J]. Journal of Business & Psychology, 2010, 25 (4): 543 – 554.

[190] Shin, S. J. and Zhou, J. When is educational specialization heterogeneity related to creativity inresearch and development teams? Transformational leadership as a moderator [J]. Journal of Applied Psychology, 2007, 92 (6): 1709 – 1721.

[191] Shin S J, Kim T Y, Lee J Y, et al. Cognitive team diversity and individual team member creativity: A cross-level interaction [J]. Academy of Management Journal, 2012, 55 (1): 197 – 212.

[192] Singh S K. Territoriality, task performance, and workplace deviance: Empirical evidence on role of knowledge hiding [J]. Journal of Business Research, 2019, 97: 10 – 19.

[193] Škerlavaj M, Černe M, Dysvik A. I get by with a little help from my supervisor: Creative-idea generation, idea implementation, and perceived su-

pervisor support ［J］. The Leadership Quarterly, 2014, 25 (5): 987 – 1000.

［194］ Smith K G, Collins C J, Clark K D. Existing knowledge, knowledge creation capability, and the rate of new product introduction in high-technology firms ［J］. Academy of Management Journal, 2005, 48 (2): 346 – 357.

［195］ Somech A, Drach-Zahavy A. Translating team creativity to innovation implementation the role of team composition and climate for innovation ［J］. Journal of Management, 2013, 39 (3): 684 – 708.

［196］ Sternberg R J, Lubart T I. The concept of creativity: Prospects and paradigms ［J］. Handbook of Creativity, 1999: 3 – 15.

［197］ Strauss A L, Corbin J M. Basics of qualitative research: techniques and procedures for developing grounded theory ［M］//Tashakkori A, Teddlie C. Thousand Oaks, CA: Sage', 2014, 36 (100): 129.

［198］ Subramaniam M, Youndt M A. The influence of intellectual capital on the types of innovative capabilities ［J］. The Academy of Management Journal, 2005, 48 (3): 450 – 463.

［199］ Tian X, Wang T Y. Tolerance for failure and corporate innovation ［J］. Review of Financial Studies, 2014, 27: 211 – 255.

［200］ Tsai W C, Chi N W, Grandey A A, et al. Positive group affective tone and team creativity: Negative group affective tone and team trust as boundary conditions ［J］. Journal of Organizational Behavior, 2012, 33 (5): 638 – 656.

［201］ van de Van A H. Central problems in the management of innovation ［J］. Management Science, 1986, 32 (5): 590 – 607.

［202］ Vegt G, Oosterhof V A. Informational dissimilarity and organizational citizenship behavior: The role of intrateam interdependence and team identification ［J］. Academy of Management Journal, 2003, 46 (6): 715 – 727.

［203］ Venkatesh V, Davis F D. A theoretical extension of the technology acceptance model: Four longitudinal field studies ［J］. Management Science, 2000, 2: 186 – 204.

［204］ Walsh I, Holton J A, Bailyn L, et al. What grounded theory is? A critically reflective conversation among scholars [J]. Organizational Research Methods, 2015, 18 (4): 620 –628.

[205] Walsh I. Using quantitative data in mixed-design grounded theory studies: An enhanced path to formal grounded theory in information systems [J]. European Journal of Information Systems, 2015, 24 (5): 531 –557.

[206] Walsh J P, Lee Y N, Nagaoka S. Openness and innovation in the US: Collaboration form, idea generation and implementation [J]. Research Policy, 2016, 45 (8): 1660 –1671.

[207] Wang Z, Zang Z. Strategic human resources, innovation and entrepreneurship fit: A cross-regional comparative model [J]. International Journal of Manpower, 2005, 26 (6): 544 –559.

[208] Watson C B, Chemers M M, Preiser N. Collective efficacy: A multilevel analysis [J]. Personality and Social Psychology Bulletin, 2001, 27: 1057 –1068.

[209] Webster J, Brown G, Zweig D, et al. Beyond knowledge sharing: Withholding knowledge at work [J]. Research in Personnel & Human Resources Management, 2008, 27 (8): 1 –37.

[210] West M A. Sparkling fountains or stagnant ponds: An integrative model of creativity and innovation implementation in work groups [J]. Applied Psychology, 2002, 51 (3): 355 –424.

[211] Woodman R W, Sawyer J E, Griffin R W. Toward a theory of organizational creativity [J]. Academy of Management Review, 1993, 18 (2): 293 –321.

[212] Xu Z, Li X. Knowledge territorial behavior congruence and innovation process: The moderating role of team territorial climate [J]. Journal of Knowledge Management, 2021, ahead-of-print.

[213] Yin R K. Case Study Research: Design and Methods [M]. John Wiley & Sons, 2010.

[214] Yuan F, Woodman R W. Innovative behavior in the workplace: The role of performance and image outcome expectations [J]. The Academy of Management Journal, 2010, 53 (2): 323 –342.

[215] Yukl G, Seifert C F, Chavez C. Validation of the extended influence behavior questionnaire [J]. The Leadership Quarterly, 2008, 19 (5): 609 – 621.

[216] Zhang J L, Fan X L, Liu J. New exploration of organizational territory behavior: Based on the perspective of cultural comparison between individualism and collectivism [J]. Foreign Economics and Management, 2018, 40 (6): 73 – 85.

[217] Zhou J, Hoever I J. Research on workplace creativity: A review and redirection [J]. Annual Review of Organizational Psychology and Organizational Behavior, 2014, 1 (1): 333 – 359.

[218] Zhou J, Wang X M, Song L J, Wu J F. Is it new? Personal and contextual influences on perceptions of novelty and creativity [J]. Journal of Applied Psychology, 2017, 102 (2): 180 – 202.